무용해도 좋은

빛으로 헤아린 하루의 풍경

유재은 에세이

책나무

프롤로그

 살아감에 있어 무용한 시간은 없습니다. 한때는 쓸모 있는 사람이 되기 위해 애쓰며, 그러지 못하는 스스로에 한없이 작아지기도 했어요. 허투루 보내는 시간이 불안했던 시절도 있었습니다. 효용성만을 추구하는 세상의 잣대는 그것을 충족하지 못하는 사람들에게 모질게 다가오지요. 그래도 괜찮았습니다. 살아보니 모든 순간이 가치 있음을 알게 됩니다. 상처받은 관계와 수많은 좌절의 시간도 돌아보니 무용하지 않았습니다. 그 나름의 빛깔로 스며들어 더 깊은 생의 걸음을 걷게 했어요.
 살아가며 문득 빛으로 스며드는 순간들이 있습니다. 매주 하나씩 그 빛을 찾아 헤아리던 1년의 여정. 그 과정에서 발견한 순우리말의 색채어는 희미해진 기억을 불러와 스스로를 위로해 주었습니다. 누군가에게는 사소할지 몰라도 더없이 특별한 순간을 모아 언어로 고착화하는 시간이었어요. 일상을 쪼개어 시간을 내야 한다는 것 자체가 무용하다고 생각될지도 모릅니다. 물론 그 시간을 경제적 가치를 얻을 수 있게 활용했다면 삶이 조금 수월해졌을 수도 있어요. 그럼에도 불구하고 마음의 길을 잃고 싶지 않습니다. 하나를 선택하면 또 다른 것은 기꺼이 놓아야겠지요. 생의 반환점을 돌며 반짝임으로 찾아온 나의 별에는 읽고 쓰고 싶은 마음이 살고 있으니까요.
   문장으로 엮어낸 빛의 퀼트는 알로록달로록한 생이 어우러져 더욱 눈부셨습니다. 섞일수록 밝아지는 빛처럼 말이에요. 그리하여 누군가는 무용하다고 해도 좋은, 다채로운 색으로 각인된 마음을 담았습니다. 연연하다 무너지는 삶에서도 빛의 순간들은 존재하니까요.

   힘들다고 여겼던 시간도 돌아보면 반짝이는 찰나로 빛나고 있습니다. 검은 파도 속에서도 별빛 같은 두 딸과 푸른빛으로 안아주는 그가 있기에 이번 생은 더없이 고맙습니다. 함께 복작거릴 수 있는 시간이 별보다 반짝였어요. 그가 아니었으면 쓸 수 없었기에, 엄마에게 직접 건넬 수 있기에 너무나도 고맙습니다. 삶은 기록하지 않으면 기억에서 휘발됩니다. 언젠가 나조차도 잊을 수 있는 무용하지 않은 생의 흔적은 딸들에게 건네는 편지와도 같은 글이었음을 고백합니다.
   여전히 삶은 마음대로 흐르지 않습니다. 알면서도 받아들이지 못해서 이토록 마음이 힘든지도 모르지요. 그럼에도 불구하고 좋아해서 묵묵히 할 수 있는 걸 해야겠다는 생각이 듭니다. 걷다 보면 길이 됩니다.

                2025년 가을 어느 날, 당신의 빛의 안부를 묻는 오후
                                                유재은

목차

프롤로그   *4*

1장 살아내다

가림빛: 별뉘의 순간	*12*
거먕빛: 불안을 살아내다	*15*
연보랏빛: 슬픔	*19*
먹빛: 마음을 흐리는 말	*22*
검부잿빛: 마음과 거리 두기	*25*
잿빛: 허물어지다	*29*
얼음빛: 닫힌 마음	*32*
발간빛: 매운 게 당기는 날	*35*
반물빛: 그날이 오늘이라면	*38*

2장 걷다 보면 길이 된다

감빛: 꿈을 그리다	44
제빛: 문장의 향기를 헤아리다	47
살굿빛: 글 짓는 마음	50
까만빛: 기다림	53
쪽빛: 묵묵한	56
갈빛: 책방 헤아림	60
은빛: 조금 빠르거나 다만 늦게 이루어질 뿐	63
파란빛: 걷다 보면 길이 된다	67

3장 샘밑이 되다

밤빛: 든든한 샘밑	72
꼭두서닛빛: 손깍지	76
하늘빛: 풍경 같은 사람	79
가짓빛: 첫사랑	82
별빛: 두 번의 삶	85
봄빛: 봄을 닮은 아이	88
무지갯빛: 무지개처럼 피어나렴	92
개나릿빛: 소중한 친구	96

4장 그리다

갈맷빛: 고독의 시간　　　　　　　　102

모싯빛: 달리는 순간들　　　　　　　106

야댓빛: 갈색 예찬　　　　　　　　　109

눈빛: 여름에 그리는 크리스마스　　112

여름빛: 봄에 그리는 여름 이야기　　115

가을빛: 11월　　　　　　　　　　　118

겨울빛: 12월　　　　　　　　　　　120

감은빛: 기차를 타면　　　　　　　　124

5장 떠올리다

복숭앗빛: 맑았던 시절　　　　　　　128

푸른빛: 청춘　　　　　　　　　　　131

흙빛: 말보다 눈물이　　　　　　　　134

연둣빛: 시작하는 마음　　　　　　　137

수박빛: 시절 인연　　　　　　　　　139

꽈릿빛: 쌀강아지 선생님　　　　　　142

노른빛: 고마웠어요　　　　　　　　149

구릿빛: 오랜 인연　　　　　　　　　152

6장 동경하다

날빛: 여행	*158*
먼뎃불빛: 헤르만 헤세	*161*
이슬빛: 뒷모습	*165*
이사빛: 음악의 힘	*167*
바닷빛: 하늘을 담는 바다	*170*
흰빛: 새롭게 그려가는 세상	*173*
대춧빛: 어떤 영화를 좋아하나요?	*176*
풀빛: 어른이란	*180*

7장 반짝이다

웃음빛: 내가 웃으면 내 삶도 웃는다	*184*
분홍빛: 순수한 마음	*187*
달빛: 달빛 같은 사람	*191*
금빛: 찬란했던 시절	*194*
노을빛: 나이 듦	*197*
새벽빛: 새해 새날들	*200*
물빛: 샛길 여행	*203*
귤빛: 반짝임의 순간들	*208*
무명빛: 무용함의 여백	*213*

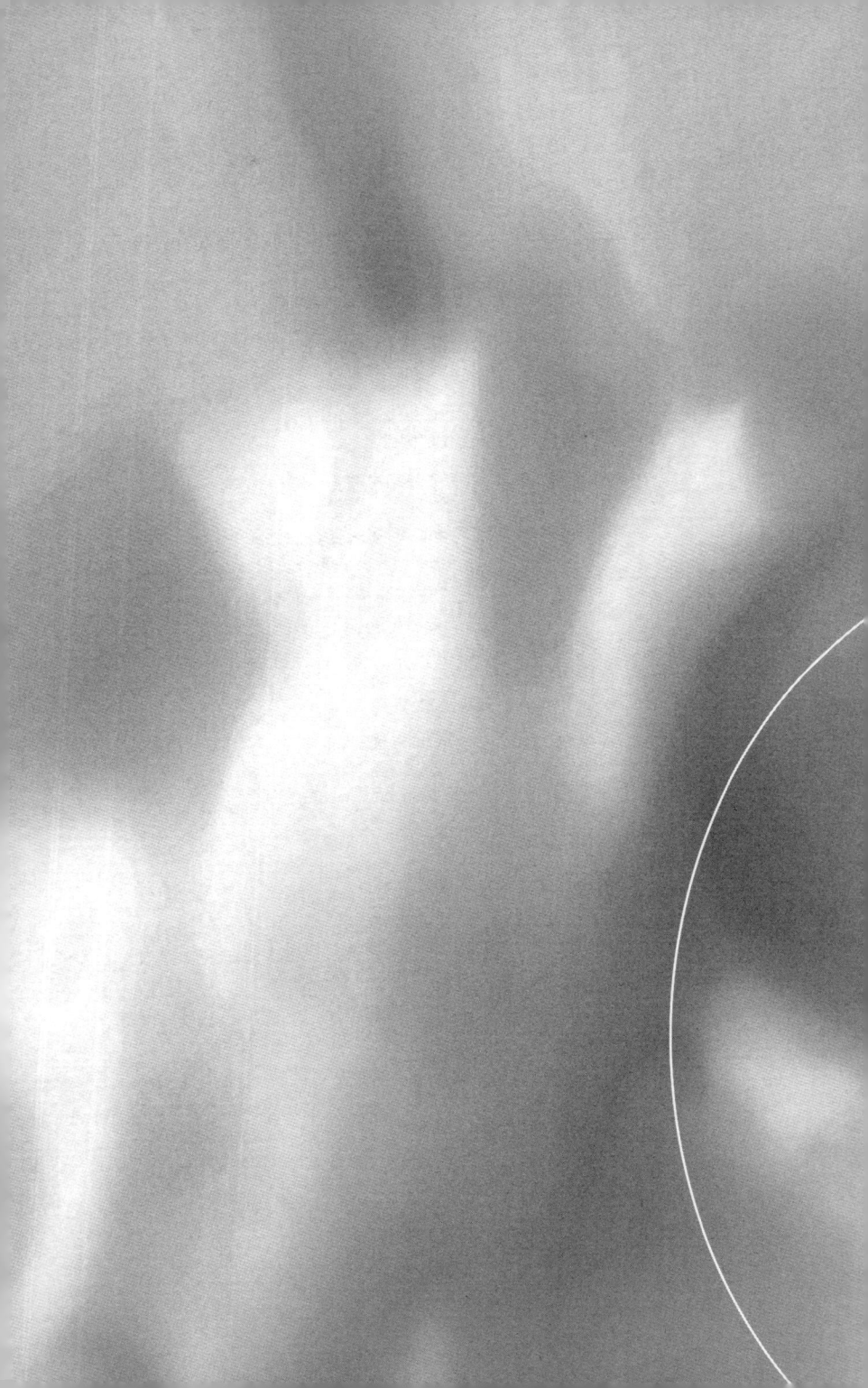

1장 살아내다

가림빛: 별뉘의 순간

자신을 보호하기 위하여 다른 동물의 눈에 띄지
 아니하도록 주위와 비슷하게 된 몸의 색깔

26년 동안 하나의 길을 걸어왔습니다. 누군가는 전문성과 꾸준함을 격려해 주었고, 또 다른 이는 부러움을 표하기도 했어요. 이제는 그만두고 싶은 마음이 들다가도 문득 여전히 일할 수 있음에 감사하며 다시 하루를 살아가게 됩니다.

불안한 미래를 막연하게 느끼며 살아가던 시절에는 몰랐습니다. 꿈이 아닌 길을 걸을 때 찾아오는, 버티기 힘든 시간을 말이에요. 때때로 그것은 늪이 되어 영혼을 잠식시키기도 합니다. 그럴 때면 이것이 진정한 나의 길이 아니어서 그런 게 아닐까 생각합니다. 살아가기 위한 일, 최선이 아닌 차선의 선택이었으니까요.

꿈꾸던 일을 했다면 이토록 지독한 생의 앓이는 찾아오지 않았을까요. 생각이 꼬리를 물고 이어집니다. 그러다 어쩌면 지금의 시간도 언젠가 그리운 시절로 회상할지 모른다는 데서 생각이 멈추게 됩니다. 무언가를 하며 그것에 대한 경제적 가치를 환원받는 시간이 얼마나 의미 있는가 하고 말이에요. 그렇게 스스로를 일으켜 삶의 길을 걷다 보면 또다시 버티기 힘든 순간을 마주하곤 합니다.

깊이 스며든 마음 그늘이 주말의 끝자락에 눌어붙어 좀처럼 떨어질 기미를 보이지 않던 밤. 여린 막내의 힘들어하는 모습이 되레 나의 어둠을 몰아냈습니다.
"무룩이가 온 거야?"
힘들 때를 '무룩이'라고 말하곤 했는데 그러면 감정을 마주하며 마음이 조금은 가벼워지더라고요. 딸의 무룩이가 무너진 마음을 일으켜 세웠습니다. 아이 앞에서는 나도 모르게 우뚝 선 나무로 변하니까요. 덕분에 엄마라는 단단한 모습을 일깨우며 삶의 그늘을 조금씩 걷어냈습니다. 돌아선 잠자리에서는 다시 무너지게 되더라도 말이에요.
사라진 줄 알았던 무룩이는 아침이 되자 옅은 모습으로 다시 돌아와 출근길을 힘들게 했습니다. 그러자 이번에는 큰딸의 환한 미소가 무룩이를 조그맣게 만들었어요. 하지만 그대로 출근할 수는 없었습니다. 그렇게 하면 도저히 제빛으로 하루를 보낼 수 없을 것 같았지요. 주저 없이 좋아하는 카페를 향해 운전대를 돌렸습니다. 30분밖에 시간은 없었지만, 그래도 높은 층고의 천장과 전면 창 가득한 봄 햇살을 바라보며 그곳만의 특별한 카페라테를 마신다면 하루를 버텨낼 수 있으리라는 생각이 들었기 때문이에요.

내 삶의 긴급 수혈은 성공적이었습니다. 달콤하고 부드러운 커피를 마시며 글을 쓰던 그 작은 시간과 두 딸의 존재가 나의 살아감에 가림빛이 되어 주었습니다. 일상의 권태로부터 나를 지켜낼 보호색이 필요한 날. 볕뉘[1] 같은 작은 순간들이 모여 내게 힘을 준 거예요. 새로운 연재 글에 대한 막연한 생각들도 구체적인 구상으로 다가왔습니다. 바로 그날, '무용하지 않은, 무용해도 좋은 내 삶의 빛의 순간들'이 시작되었습니다.

---

1 볕뉘: 그늘진 곳에 미치는 조그마한 햇볕의 기운.

거먕빛: 불안을 살아내다

아주 짙게 검붉은 빛

불안이 밀려오면 일상이 흔들립니다. 거먕빛으로 잠식되는 하루는 버텨내기 어렵지요. 글이 술술 잘 풀릴 때는 일상의 모든 순간에 너그러워집니다. 그날의 글을 쓰고 나면 힘든 순간에도 에너지가 솟아요. 반면 글이 잘 써지지 않거나 완성된 글이 생각보다 좋지 않을 때면 불안해집니다. 계속 이 길을 걷는 게 맞을까. 그러기에는 많이 부족한 게 아닐까 하고 말이에요.

불안은 안개처럼 서서히 번집니다. 인생에 중요한 일을 앞두고 있을 때마다 부정의 기운을 몰고 오기도 하지요. 사랑이 끝날 것 같은 불안. 상대의 마음이 먼저 식을 것 같은 두려움은 이별을 몰고 오기도 합니다. 행복하면 그것이 끝날 것 같은 불안에 힘들어하기도 해요. 안 돼도 불안하고 잘 돼도 불안한 것이지요. 물론 지나친 불안은 삶을 무너뜨리지만 적당한 불안은 되레 좋은 결과를 가져옵니다. 불안함 덕분에 더욱 열심히 하기 때문이에요.

고등학교에서 교생 실습을 할 때였습니다. 평소 조용하고 목소리도 작았기에, 수업을 참관하던 동기들은 놀랐다고 했어요. 평소와 달리 학생들의 흥미를 유발하며 활기차게 수업을 이끌어 갔으니까요. 사실 유머의 타이밍까지 꼼꼼하게 준비하고 연습에 연습을 거듭했던 덕분이었습니다. 그러다 보니 평가를 위해 참관한 선생님들의 존재조차 잊은 채 학생들에게만 몰입할 수 있었지요. 그 후로도 면접이나 공개 수업 등이 있을 때면 수없이 연습하곤 했습니다. 실전에서도 자연스럽게 연습한 결과가 나올 수 있도록 말이에요. 그렇게 극도의 불안감 속에서도 스스로를 다스리며 극복해 나갔어요. 일을 마친 후 혼자만의 공간에서 후들거리는 다리로 주저앉게 되더라도 말이에요. 살아내며 알게 되었습니다. 최선의 노력을 하면 불안을 다스릴 힘이 생긴다는 것을 말입니다.

졸업 후에도 아주 오랫동안 시험 보는 꿈을 꾸었습니다. 시간을 맞추지 못해 뒷장의 문제는 하나도 풀지 못하거나 무언가 위기에 빠지는 불안한 내용의 꿈들이었지요. 그만큼 시험에 대한 압박이 강했던 학창 시절을 보냈습니다. 시험을 준비하며 잘되지 않을까 봐 불안했고 때로는 준비가 제대로 되지 않아 초조하기도 했습니다. 시험이 끝나도 원하는 만큼 나오지 않은 성적 때문에 불안함이 엄습했습니다. 하고 싶은 것들은 마음속에서 꿈틀대는데 과연 그것을 이루어낼 수 있을지 걱정하는 시절을 보냈습니다.

다시 학창 시절로 돌아간다면 어떻게 살 것 같으냐는 질문을 받은 적이 있습니다. 더 열심히 공부해서 스펙을 탄탄하게 쌓고 싶다는 사람도 있었는데, 그 시절의 나를 만나게 된다면 말해주고 싶습니다. 네 마음을 뛰게 하는 일을 주저 없이 하라고 말이에요. 불안해도 괜찮다고, 불안을 함께 살아낼 수 있다고요. 읽고 싶은 책을 눈치 보지 않고 마음껏 읽으라고 할 거예요. 물론 알고 있습니다. 억지로라도 책상에 앉았기에 지금의 내가 가진 것들이 있다는 것을요. 하지만 그 시절부터 바라는 것을 했다면 그로 인해 놓치는 것이 있어도 그 덕분에 충만해지는 삶을 살아가지 않았을까요.

그 시절 유행하던 말처럼 행복은 성적순이 아니라는 것을 알고 있었지만, 숫자로 매겨진 스스로의 위치는 한없이 주저앉혔습니다. 그렇게 학교 도서관 앞 벤치에 앉아 있는 나, 그렇게 지는 해를 바라보는 나를 만난다면 꼭 안아주고 싶어요. 그리고 무엇을 중요한 삶의 가치로 여기는지 물을 거예요. 자신을 행복하게 하는 가치에 대한 우선순위는 모두 다릅니다. 어느 것도 정답은 없지요. 어떻게 살아가야 할지 모르겠다면 스스로 중요하게 여기는 가치가 무엇인지 10개만 떠올려 보라고 할 거예요. 그렇게 우선순위를 매겨보면 나아갈 방향이 떠오르니까요.

사랑. 가족. 따뜻한 마음. 묵묵함. 공감. 포용. 통찰. 믿음. 친구. 나눔.

생의 모든 선택에서 세상의 잣대가 아닌 나만의 가치로 기준을 세웁니다. 잘 안되는 날이라도 괜찮다고 스스로를 토닥이고요. 할 수 있는 것만큼 살아내면 된다고 말해주지요. 나의 가치가 내 삶의 등대입니다.

연보랏빛: 슬픔

연한 보랏빛

꿈의 날개가 꺾이던 날. 그날의 연보랏빛 슬픔이 아직도 선연합니다. 홀로 부딪치며 시도하는 출간이 쉽지 않을 거라 예상했지만, 어렵사리 이루어진 계약으로 그 길이 시작되었다고 믿었는데 그 역시 초심자의 순진함이었던 거지요. 봄을 지나 여름과 가을, 그렇게 세 계절이 흐르는 동안의 달콤한 기다림은 한 통의 전화로 인해 지난밤 긴 꿈이 되어 버렸습니다. 잘 만들어 보겠다고 시작된 메시지는 한두 달 계속 미뤄지고 있다는 소식으로 바뀌었어요. 연말을 목표로 하여 집중적 마케팅을 계획 중이라던 설레는 문자는 끝내 계약 파기라는 전화로 마무리되었던 거예요.

"출간을 희망하셨던 이유를 알고 싶습니다."

묻고 싶은 말을 겨우 목으로 넘기며 전화를 끊었습니다. 거대한 둔기로 맞은 듯 온몸에 힘이 빠져서 어떻게 남은 수업을 했는지도 모르겠어요. 그래, 출판 시장이 어려우니까. 인지도 없는 신인 작가가 뚫고 가기에는 필력이 부족하니까. 그 말을 전하는 출판사 측의 마음도 좋지 않았을 것임을 이해하면서도 한없이 무너져 내렸습니다.

늦은 밤 퇴근하려 길을 나서는데 그해의 첫눈이 내리기 시작했어요. 유난히도 기다렸던 눈이 첫눈답지 않게 어찌나 소담스럽게 내리던지 삶이 참 얄궂게 느껴졌습니다. 누군가의 노래처럼 '그늘을 드리운 나의 꿈'. 내딛는 발자국 한 걸음마다 땅속 깊숙이 박히는 듯했습니다.

여기까지일까. 그저 몽상가의 꿈이었을까. 이런저런 상념으로 함박눈 오는 거리를 걸었습니다. 집이 가까워질 때쯤이었어요. 웬일인지 저 멀리 빛나는 미소의 두 딸이 다가오는 게 보였습니다. 마침 첫눈이 와서 아이들이 내가 올 시간에 맞춰 나왔던 거예요. 까르르 웃으며 내가 제일 좋아하는 커피를 사 들고 장난스레 달려오던 아이들. 시리고 아픈 밤. 그래도 인생은 살 만하다고 보석 같은 딸들이 다시금 일깨워 주었습니다.

버틸 수 없어 무너지는 순간이 있습니다. 이보다 더 바닥일 수 없다고 여기다가, 더 깊은 바닥이 있음을 알게 되는 시간. 또 이리 힘들구나. 언제쯤이면 좀 나아질까 하는 생각. 괜찮아 지나갈 거야 하면서도 또다시 무기력해지는 순간들. 하지만 끝이 보이지 않아 숨이 막히는 어두운 터널 속에서도 시간은 흐르고 끝내 희미한 빛이 보이기 시작합니다. 그렇게 생은 다시 나를 이끌어 가겠지요. 반짝이는 일상의 순간이 그늘진 나를 일으켜 세울 테니까요. 여전히 수없이 많은 고배의 잔을 마시면서도, 나의 책이 그저 몇 년간 어느 서가에 자리하다 쓸쓸히 사라질지라도 묵묵히 걸어가겠습니다. 레이트 블루머, 늦게 피는 꽃을 꿈꾸며.

먹빛: 마음을 흐리는 말

먹물의 빛깔과 같은 검은빛

 마음을 흐리는 말의 잔상으로 흔들리는 날이 있습니다. 삶을 통과하지 못한 채 먹빛으로 번지는 타인의 말. 구멍 난 심장에는 시린 바람이 붑니다. 문득 날이 서고 어느새 말이 뾰족해집니다.
 때로는 전화 목소리만으로도 내가 있는 세상의 힘을 앗아가는 사람이 있습니다. 괜히 연락했나 싶게 만드는 사람. 사회적 관계 속에 맺어진 사람이라면 차츰 연락을 줄일 수도 있겠지만, 그가 가족이나 지인이라면 하릴없이 무력해집니다. 이렇게 먹빛 말에 잠식되는 날이면 끝내 생각합니다. 나만의 잣대 안에서, 혹은 사랑이라는 허울 좋은 울타리 안에서 나 역시도 다른 누군가를 가두고 있는 건 아닌지. 타인을 향한 말에 깃든 무게를 가만히 되돌아봅니다.
 살수록 말은 덜어내면 좋다는 것을 절감합니다. 관계의 비틀어짐은 언어에 의한 것이 대부분이기 때문이지요. 평소 말이 많은 편은 아니지만, 그 말만큼은 하지 않아야 했다고 후회할 때가 있습니다. 힘들다는 작은 푸념조차 듣는 이의 가슴을 베게 할 수도 있으니까요. 하물며 둘 사이에 결코 해서는 안 될 마지막 말까지 분노를 표출하기 위해 내뱉는 것은 어떨까요. 그것은 결국 돌이킬 수 없는 관계를 만들게 합니다.

누구든 타인의 삶을 함부로 판단해서는 안 됩니다. 아무리 이해하기 힘들더라도 그가 살아온 생의 궤적을 모두 알 수 없기에, 그 어떤 삶도 무심히 조언하거나 비난할 수 없습니다. 그럼에도 불구하고 그렇게 누군가에게 상처를 준 후 오히려 상대를 예민하다고 치부하는 것은 확인 사살을 하는 것과 다름없습니다.

뭉근하게 남는 말을 좋아합니다. 쉽고 흔한 말 같지만 쉬 마음을 통과하지 못하는 말.

"밥 먹었어? 밥 잘 챙겨 먹어."

소중한 사람은 삶의 격랑을 겪고 있는데 나란 존재는 하염없이 작아 아무것도 해줄 수 없을 때면 나도 모르게 이런 말들을 하게 됩니다. 도저히 괜찮을 수 없는 상황에 놓인 사람에게 힘내라고 하는 건 너무 상투적이고, 그렇다고 아무 말 없이 있자니 마음이 아려서 간신히 내뱉는 말.

그러고 보니 나를 아끼는 사람들을 보면 그렇게 밥 이야기를 합니다. 더 먹지 않아도 될 만큼 튼튼한 나에게 왜 그렇게 잘 챙겨 먹으라고 할까 생각하다 보면 가슴 한구석이 뭉클해집니다. 밥이라는 말속에 담긴 걱정 어린 마음, 내가 버텨 낼 수 있기를 바라는 깊은 사랑이 고스란히 전해져 야무지게 밥 한술 뜨게 됩니다.

검부잿빛: 마음과 거리 두기

마른풀이나 낙엽 따위가 타고난 뒤의
　재 속에 남은 불의 희미한 빛깔

살아 보니 무탈한 하루는 기적 같은 일이었습니다. 해일처럼 밀려오는 생의 파도를 겪어내면 더욱 선명해지지요. 유리 멘털의 울보. 지금 와 생각해 보니 어린 나는 유리 같은 마음을 지니고 있었습니다. 갈등 상황에서는 마음을 이야기하지 못해 자리를 피하곤 했어요. 간신히 버티고 있다가 끝내 울고 말 테니까요. 그것이 누군가에게는 무례함이나 이해할 수 없는 일로 느껴졌을지도 모릅니다. 그것을 인식한 후에는 그렇게 하지 않으려다 보니 말이 없어지기도 했습니다. 그런데 살다 보니 웬만한 일에는 울지 않게 되었네요. 아니, 어쩌면 어른이라며 단단히 스스로를 포장하고 있는지도 모릅니다.

어릴 때는 평소 낮잠이 없던 내가 자고 있으면 엄마는 이마를 만져보셨다고 합니다. 그때마다 나는 어김없이 고열로 어딘가 앓이

중이었지요. 그랬던 것 같아요. 아프면 아프다고 말하기보다 그냥 깊이 잠으로써 견뎌냈습니다. 그러다 갑자기 주저앉을 정도로 맥이 풀려 버리는 순간. 너무도 지독해서 나 자신을 추스를 수 없을 때가 찾아오면 하염없이 잠을 잡니다. 깨어나 보면 아주 오랜 시간이 흘러있을 때가 있는데 그 시간을 자각하며 생각합니다. 이번에는 많이 힘들었구나, 하고 말이에요. 그렇게 간신히 채워낸 에너지로 다시 일어섭니다. 다음에 찾게 될 긴 잠을 향한 날이 멀어지길 희망하면서요.

자아의 나무는 관계라는 가지의 흔들림에 취약합니다. 관계가 부서지는 것은 커다란 사건 때문이 아니에요. 서로 간의 사소한 틈을 그대로 두면, 어느새 걷잡을 수 없는 큰 간극이 생깁니다. 이러한 사람 간의 틈이 벌어져 때로는 비극을 불러오기도 하지요. 함께 그 속으로 처참하게 떨어지거나 영원히 등을 돌려 다른 방향의 길을 가게 합니다.

관계로 인해 어깨가 내려앉는 날이면 검부잿빛을 찾아 문학의 숲으로 걸어갑니다. 어느 날에는 셰익스피어의 작품들을 다시 읽기도 했습니다. 그의 4대 비극에서도 그러한 틈 때문에 거대한 홀이 생기고 사람들은 비참하게 무너집니다. 질투를 일으켜 의심하게 만드는 카시오의 말 때문에 아내를 죽인 오셀로. 아버지를 죽인 숙부와 결혼한 어머니와의 간극이 못내 아쉬운 햄릿. 막내딸 코델리아의 진심을 담아내지 못하는 아버지 리어왕. 마녀들의 예언으로 왕위에

오르기 위해 왕을 살해한 후 폭정을 일삼게 된 충신 맥베스. 이들은 모두 각자의 홀 속에서 비참한 최후를 맞이합니다.

 복잡하고 스케일이 커진 요즘 매체들에 익숙한 사람이라면 작품의 플롯이 비교적 예측 가능하고 단조롭게 느껴질 수 있지만, 작가가 꿰뚫고 있는 인간 본성에 대한 통찰은 감탄을 자아내게 합니다. 16세기, 시대와 문화는 달라도 여전히 그의 작품들이 사랑받는 이유는 바로 여기에 있지 않을까요. 400년이 흘러도 인간은 무수한 관계 속에서 여전히 질투와 욕망 속에 허덕이고 권력을 좇아 암투를 벌이며 무모한 사랑에 목을 매고 자신의 이익만을 위해 타인을 속이며 해치는 일을 반복하고 있습니다.

 고전이 사랑받는 이유는 그것이 변하지 않는 인간의 본질적인 모습을 그려내고 파헤치고 있기 때문입니다. 우리는 누구나 한 번뿐인 인생에서 고뇌하다가 한 세기를 넘기지 못하고 사라집니다. 그들 뒤에서 또다시 백 년을 못 채우며 살아갈 또 하나의 인간 군상들은 수백 년 동안 반복돼 온 실수와 번민, 딜레마 속에서 아파하고 후회하며 어느 날 우주 속의 먼지가 되지요. 고전이 필요하고 우리가 문학을 읽어야 할 이유는 지식을 축적하기 위함만이 아닙니다. 수많은 인간의 모습을 통해 참삶을 향한 혜안을 기르고, 그리하여 우리는 반복되는 과오를 조금이나마 줄일 수 있지 않을까요.

 물론 문학의 숲에서도 단어 하나 눈에 들어오지 않는 때가 있습니다. 그런 날은 언제나 믿어주는 나의 수호자가 나를 구합니다. 그조차도 없는 반물빛 순간이 찾아오면 잠을 잘 거예요. 어릴 때는 고치려고 했는데 어른이 되니 어린 나에게 배우게 됩니다. 자신의 감정을 인정하고 표현하는 것도 중요하지만 때로는 내 마음과의 거리 두기가 필요한 날이 있으니까요. 뒤틀린 관계와 일상으로 마음이 잔뜩 얻어맞은 것 같은 때는 자신만의 공간에 있어야 합니다. 내 안의 울컥한 무언가가 치밀어 오르면 바로 그 자리를 떠나야 할 때가 아닐까요. 그를 위해, 무엇보다 나를 위해 그 자리에서 나와야 합니다. 오랜 상처로 남을 가시 돋친 말이 서로를 향한 아픈 말 폭풍을 몰고 오기 전에

잿빛: 허물어지다

재의 빛깔과 같이 흰빛을 띤 검은빛

살아감에 연연하다 허물어지는 날이 있습니다. 마음 비 내리는 밤은 의식과 무의식의 경계가 아득해집니다. 지난한 어둠을 뚫고 새어드는 아침을 무거운 눈으로 맞이하면 어깨는 내려앉고 마음은 잿빛이 됩니다.

온 힘을 다해 노력해 온 일이 무산되면 스스로가 한없이 작아지며 무너져 내립니다. 그러다 생각합니다. 몇 걸음만 더 가면 이루어질 수 있을지 모른다고요. 그리하여 또다시 묵묵히 걷습니다. 그래야 그날이 와도 과감히 길을 접을 수 있으니까요. 최선을 다해 나아갔다면 결코 무용하지 않습니다. 그 시간이 있어 언젠가 다른 문이 열립니다. 멈추는 것 또한 담대한 용기가 필요합니다. 깊은 박수로 응원받아야 합니다.

자신만이 옳은 듯 행동하는 사람을 보면 숨이 막힙니다. 돌아갈 수 없는 관계라면 생이 버거워집니다. 그러다 생각합니다. 그를 반면교사로 삼아 살아갈 수 있음에 감사한다고요. 누군가 제 길을 못 찾더라도, 비록 조금 멀리 돌아가는 듯 보여도, 있는 그대로를 바라보며 내가 모르는 그만의 서사가 있을 수 있음을 상기하려 노력하게 됩니다.

인생에 찾아드는 잿빛 시간을 애면글면하며 견디어 냅니다. 하지만 풍파에 익은 어른이 되어도 그렇게 할 수 없는 것이 있습니다. 상실의 아픔. 그것은 어떠한 분투로도 눌러 담을 수 없으니 그저 세월에 풍화되기를 기다리는 수밖에 없습니다. 그러다 보면 문득문득 삶으로 떠올라 일상을 흔들어 놓는 간극이 조금씩 줄어들겠지요.

얼마 전 다정하신 시아버님과 영원한 작별을 하게 되었습니다. 발인 날은 하늘도 잿빛 구름 아래 슬픔을 토해냈습니다. 낯선 곳에 온 데다가 낯가림도 많은 나였는데, 아버님은 늘 내 편이 되어 주셨어요. 항상 온화한 미소로 바라보셨고 맛있는 반찬을 내 앞으로 밀다가 그릇이 떨어질 뻔도 했습니다. 산책길에서 벤치에 앉아 아버님의 옛이야기를 듣던 오후를 생각하니 하염없이 눈물이 흘렀습니다. 둘만 남으면 몰래 한잔하시던 아버님은 비밀로 해야 한다며 검지를 입술에 대면서 쉿 하고 소리 내셨고, 장난스레 윙크도 건네셨지요. 시댁에 가면 아버님과 있을 때가 가장 편하고 좋았습니다.

"고맙습니다."

왜 진즉 말하지 못했을까요.

아버님의 영정 사진 속 정 많은 미소를 바라보다가, 문득 사돈 좋아하시던 아빠가 마중 나오신 것 같은 생각이 들었습니다. 내 또래의 젊은 아빠가 두 팔 벌려 아버님을 맞이해 주는 것 같은 모습이 그려지자 눈물이 멈추지 않았어요. 홀로 계신 엄마가 떠오르며 울음이 터졌습니다. 아버님을 닮아 다감한 남편과 언젠가 나를 보내야 하는 딸들을 생각하자 자꾸만 눈물이 흘렀습니다. 아빠를 먼 하늘로 보내드리던 이십 대 때와는 또 다른 통증이었습니다. 살아간다는 게 허무하고 아파서, 아리고 쓸려서 온몸이 무너져 내렸습니다. 시간과 공간의 밀도가 엉키며 정신은 우주를 유영하는 듯했습니다.

다시 일상이 찾아오려나 싶었는데 얄궂게도 이어지고야 마는 삶. 연연하다… 허물어지다… 끝내 살아가게 되나 봅니다.

얼음빛: 닫힌 마음

얼음의 빛깔과 같이 파랗고 반투명한 빛

마음이 닫히는 순간이 있습니다. 누군가에게 건네는 진심이 오해로 번질 때. 마음과 다르게 말과 글이 오독될 때. 그러한 순간이 여러 번 지속되거나, 어느 때는 한순간에도 마음은 온기를 잃습니다. 그 사람을 향한 관계의 문이 닫혀 버리는 것이지요. 『나의 라임 오렌지 나무』의 꼬마 제제도 아빠의 몰이해와 폭력으로 얼음빛 마음을 갖게 됩니다. 어린 아들에게 폭력을 행함으로써 자책감을 쏟아내는 못난 아버지보다 더 어른 같은 제제는 마음에서 그를 지웁니다. 자신에게는 더 이상 아버지가 없다고 생각하면서요. 밍기뉴라는 나무와도 다정하게 이야기하던 제제가 가족을 향한 얼음빛 마음을 갖게 된 데는 얼마나 큰 아픔이 있었을까요.

돌아보니 나 역시 부딪치며 표현하려 하기보다는 닫힌 마음으로 스스로를 지키기도 했습니다. 열정 가득했던 푸른 시절에는 어떻게

든 해결해 보려 애썼습니다. 너무나도 어려웠지만 먼저 다가가기도 했어요. 하지만 서로 맞지 않는 사람과의 소통은 상처만이 깊게 남을 뿐이었습니다. 어떤 말과 글로 마음을 표현해도 뾰족하게 받아들이는 사람은 버거웠습니다. 안 그래도 쉽지 않은 삶에서 그런 관계에 에너지를 쏟고 싶지 않았어요. 누군가는 왜 말하지 않느냐고 하지만 그것이 되레 큰 상처로 남을 것을 알기 때문입니다. 어째서 지레짐작하냐고도 하지만 결이 맞지 않은 사람과는 어떻게 해도 나란히 갈 수 없음을 경험했기에 그렇게 하지 못했습니다. 용기가 부족한 것일지도 모르지만 내 마음을 알아챈 순간 돌아가는 것도 인생이었습니다. 그 이상의 노력은 스스로를 작아지게 할 뿐이니까요.

얼음빛은 시리도록 파랗고 투명합니다. 차갑지만 신비로운 아름다움을 품고 있지요. 그래서 우리는 얼음 공주 이야기에 빠지나 봐요. 매력적인 외모에 마법까지 갖춘 인물들은 대개 차가운 눈으로 둘러싸인 성에 홀로 살고 있습니다. 그들은 지독한 외로움 때문에 누군가의 마음을 억지로 가져오려고도 하지요. 많은 대중 작품과 대중문화의 모티브가 되었던 동화 『눈의 여왕』에도 그런 인물이 등장합니다. 스피츠바르겐 섬에 살고 있는 눈의 여왕은 카이를 자신의 얼음 궁전으로 데려갑니다. 카이는 트롤의 깨진 거울이 눈과 심장에 박히는 바람에 친구 게르다에게조차 냉소적으로 변한 상태였지요.

오랫동안 홀로 지내서 누군가의 마음 여는 방법을 몰랐던 게 아닐까요. 차가운 얼음빛 마음속에 감춰진 짙은 외로움 때문에 사랑을 그릇된 방식으로 얻으려고 합니다. 그럼에도 불구하고 눈의 여왕은 다른 악한 캐릭터들과는 결이 다르게 느껴집니다. 왠지 마음 깊숙이 상처를 숨기고 있을 것 같아요. 그들의 차가움도 어쩌면 방어기제가 아니었을까 생각하게 됩니다.

다른 이의 마음을 담지 못하는 얼음 공주 같은 사람들이 있습니다. 빼어난 외모로 시선을 한 몸에 받지만 정작 그 자신은 차가운 얼음벽 안에 갇힌 채 숨어 있지요. 평생 그렇게 살아왔기에 세월에 따라 더욱 견고한 얼음이 되었을지도 모릅니다. 그런데 얼음 공주는 어쩌면 누구보다 따스함을 그리고 있지 않을까요. 제게는 각박한 어른들 사이에서 만난 뽀르뚜가 아저씨가 있었기에 사랑을 나눠줄 수 있는 어른으로 자랐습니다. 카이의 차갑게 언 마음도 게르다의 진심 덕분에, 따스한 눈물에 녹아내렸던 거고요. 따뜻함을 그리워하는 얼어붙은 마음에도 꽃은 피어날 수 있습니다. 누군가 단 한 사람만 있다면.

발간빛: 매운 게 당기는 날

\# 밝고 엷은 붉은빛

먹는 것에 우선순위를 두지 않습니다. 여행 중 경비를 줄여야 할 때도 식비를 먼저 살피지요. 물론 맛있는 음식 먹는 것은 좋아하지만 이번 생애에 식도락 여행은 없을 것 같아요. 가는 곳 근처 맛집은 찾아봐도, 맛있는 음식을 먹기 위해 먼 길을 간 적은 없네요. 하지만 아늑한 카페와 맛있는 커피를 위해서라면 기꺼이 달려갑니다. 주머니가 넉넉지 않았던 대학 때는 우연히 발견한 아기자기한 카페에 가기 위해 식사를 포기한 적도 있어요. 점심 먹을 곳을 찾다가 유럽의 작은 집 같은 외관의 카페를 보고 친구를 쳐다보았는데 이미 친구의 눈빛도 그곳을 향해 반짝이고 있었지요. 예쁜 카페 창가에 앉아 한참을 도란거리다 보니 배가 고픈 줄도 몰랐던 추억이 떠오릅니다.

『마음사전』에서 김소연 작가는 "밥은 몸에 주는 음식이고 차는 마음에게 주는 음식"이라고 했습니다. 밥보다 차를 즐기는 사람은 마음이 발달한 사람이고, 밥 한 그릇이 육체에 에너지를 준다면 차 한 잔은 마음에 에너지를 준다고도 했지요. 마음이 발달한 사람인지는 모르겠지만 먹는 데 진심이지 않은 게 불편했는데, 어쩐지 위로받는 것 같아 오래도록 남는 문장이네요.

요리를 좋아하지 않습니다. 직장을 다니며 음식을 준비했던 시간이 짧지 않았기 때문일까요. 제철 재료로 정성껏 요리한 후 가족들이 맛있게 먹어주면 행복한 엄마도 아닙니다. 예전에는 그랬지만 말이에요. 그래서 오래도록 그런 분들을 보면 경외감이 들기도 하고, 가족들에게는 미안한 마음이 듭니다. 그럼에도 여전히 장보기부터 재료 손질과 요리, 상차림과 설거지까지 이어지는 긴 시간은 내게 그저 고된 노동이에요. 물론 가족들이 잘 먹어주면 좋지만, 그것에 대한 기쁨보다는 힘듦이 더 큽니다.

엄마의 집밥, '소울 푸드'라는 말도 마음에 걸려요. 그래서 엄마에게도 무언가 먼저 해달라고 하지 않습니다. 사랑을 담아 요리하는 엄마의 마음도 알지만, 엄마의 힘든 노동으로 내 영혼이 쉬어가는 게 미안하니까요. 그것을 준비하던 시간이 젊은 엄마에게는 하고 싶은 것들을 희생하는 순간이라는 걸 깨닫게 되었습니다. 당연함이 아닌 너무나도 큰 고마움이었어요. 그래서 이제는 돈이 든다며 걱정하는 엄마를 모시고 좋은 음식을 먹으러 나갑니다. 그러다 보니 먼 훗날에는 바리바리 준비한 반찬을 싸주는 것보다 건강하고 맛 좋은 음식을 사 줄 수 있는 엄마가 되고 싶습니다. 책방이나 영화관 나들이를 함께하며 예쁜 카페에서 한참을 도란도란하고요. 이러한 소망을 이루려면 열심히 일해야겠지요. 물론 딸들이 먹고 싶은 것이 있다면 열 일을 제치고 해 줄 거예요. 그런 일이 일어나지 않기를 바라는 모자란 엄마지만요.

이런 내게도 음식이 절실해지는 날이 있습니다. 정신이 아득해질 만큼 매운 음식이 당기는 날이지요. 빨간색은 좋아하지 않지만 발간빛의 음식들을 먹으면 에너지를 얻습니다. 특히 떡볶이와 비빔냉면은 최애 음식이었어요. 면을 좋아하기에 어느 해 여름에는 매일 비빔냉면을 먹은 적도 있습니다. 참기름 향 품은 매운 양념장에 비벼 호로록호로록 먹다가 삶은 달걀을 마지막 면에 싸 먹으면 그날의 스트레스가 달아나는 것 같았어요. 떡볶이는 말할 것도 없지요. 어린 시절부터 매운 떡볶이를 물 없이도 잘 먹었고, 할머니가 되어도 떡볶이는 좋아할 것 같다고 생각하기도 했어요. 지금은 건강을 생각해 자제하지만, 여전히 버거운 일상에는 아무 생각이 나지 않을 정도의 매운 음식이 어깨를 도닥여 주는 것 같습니다. 싸움닭이 지치면, 고추장을 먹인다고 하던데 나는 어떤 치열한 싸움으로 그렇게 매운 음식을 갈망하는 것일까요.

매운맛은 뇌에서 통증으로 인지되어, 고통을 감소시키기 위해 엔도르핀이 분비된다고 합니다. 그로 인해 우리는 조금 나아지는 듯한 기분을 느끼게 됩니다. 매운 음식으로 내 몸에 아픔을 주어 마음의 상처를 덮는다니 서글퍼지네요. 문득 매운 게 당깁니다. 오늘은 또 무엇을 먹을까요.

반물빛: 그날이 오늘이라면

검은빛을 띤 짙은 남빛

 블랙아웃이 되는 꿈을 꾼 적이 있습니다. 공포감이 몰려오던 죽음의 순간. 텔레비전 화면이 꺼지듯 눈앞의 세상이 사라지자 소스라치게 놀라며 눈을 떴어요. 꿈이라는 걸 깨달으면서도 한기에 몸을 떨었습니다. 살아가다 문득 생의 마지막을 생각하면 두려움과 슬픔이 밀려옵니다. 어릴 때처럼 베개가 푹 젖도록 눈물을 흘리지는 않지만요.
 인생의 여름을 살아가던 때는 죽음에 대한 인식으로 삶이 더욱 소중해졌습니다. 살아있는 모든 것이 언젠가 사라진다는 건 허무하지만, 그러기에 더욱더 생을 일으키는 원동력이 되었던 거예요. 많은 이들의 가슴을 울렸던 영화 『죽은 시인의 사회』는 그 마음에 불을 지펴주기도 했습니다. 영화에는 수많은 명장면이 있지만, 그중에서 한 개를 꼽으라고 하면 주저 없이 떠오르는 에피소드가 있어요. 캡

틴이라고 불리던 선생님이 선배들의 사진을 보여주며 그들이 현존하지 않음을 언급하는 장면입니다. 한때는 가득한 열정으로 꿈꾸고 경쟁하며 치열한 삶을 살아갔던 청춘의 모습들이 그저 빛바랜 사진 한 장으로 남아있다는 게 얼마나 많은 눈물을 자아냈는지 모릅니다. 그리하여 캡틴이 되뇌듯 전하던 말을 마음 깊이 새겼습니다. 카르페디엠. 지금 이 순간에 충실하라.

톨스토이의 『사람은 무엇으로 사는가』도 살아감에 가르침을 주었습니다. 죽음의 천사가 찾아오는 바람에, 가게 밖으로 나가면 곧 죽게 되는 사람의 이야기였어요. 그런데 코앞에 닥친 죽음을 미처 몰랐던 거예요. 그는 아주 오래 신을 수 있는 튼튼한 신발을 주문하면서 구두 가게 직원에게 횡포를 부렸는데, 불과 얼마 뒤 죽고 말았지요. 짧은 이야기였지만 한 치 앞도 모른 채 성마르고 속물적으로 살아가던 한 인간의 어리석은 모습은 어린 시절부터 지금까지 오래도록 남아 있습니다.

어느덧 생의 가을을 살아가니 유명인의 작고 소식을 들으면 마음이 내려앉으며 삶을 생각하게 됩니다. 각기 다른 위치에서 시대를 이끌었던 사람이 허망하게 다른 세상으로 사라져도, 그 빈자리는 또 다른 누군가가 메워가고 있다는 것에 서글퍼지기도 합니다. 누가 떠나든 여전히 빠르게 돌아갈 세상의 시계이지요. 그러다 보니 책을 읽다가도, 먹먹해질 때가 있습니다. 살아감으로 번뇌하며 생의 파도를 헤쳐 갔던 작가가 지금은 존재하지 않는다는 것 때문이에요. 생텍쥐페리는 자신의 소설에서 수없이 그려갔던 마지막처럼 그렇게 저 하늘의 별이 되었습니다. 또한 "자동차 사고로 죽는 것보다 더 의미 없는 죽음은 상상할 수 없다."라고 말했던 알베르 카뮈는 자동차 사고로 이른 나이에 부조리한 죽음을 맞이했습니다.

"시간이 너무 빨리 흘러. 이젠 무섭다, 정말 무서워."

일흔이 넘으신 엄마의 말씀에 심장이 철렁 내려앉았습니다. 엄마의 마음을 알면서도 애써 모른 채 화제를 바꾸었지만, 어쩐지 두려웠습니다. 남아 있을 시간이 너무나도 짧게 느껴진다는 엄마의 하루를 생각하다 보니까요. 젊은 아빠는, 죽음이 멀게 느껴지던 이십대에 보내드려 잘 몰랐지만 엄마마저 존재하지 않는다는 건 상상하기 힘들었습니다. 그 세상의 빈자리는 생각만으로도 가슴을 베이게 했습니다.

주어진 세상에서 소멸되는 것은 사무치도록 아리지만 죽음은 반물빛으로 느껴집니다. 그 빛이 마냥 검지만은 않은 것은 먼저 간 이들을 만날지도 모른다는 시린 믿음 때문일 거예요. 아직은 실감이 나지 않지만 언젠가 내 곁의 지인들이 먼저 이곳을 떠나고, 나 역시 그들을 그리워하다가 누군가의 마음에 또 다른 추억을 남긴 채 떠나게 될 것입니다. 지금 이 순간에도 수많은 이들의 영혼이 그리움을 묻고 바람이 됩니다. 남겨진 이들은 아픔을 딛고 반복되는 일상을 버티어 가겠지요. 삶의 유한함을 통곡으로 깨우쳐 가야 하다니 아리고도 얄궂은 인생입니다.

오랜만에 친구를 만나게 되면 만남의 공백을 헤아리다 시린 마음이 들기도 해요. 이렇게 드문드문 만나다 보면 앞으로의 생에서 얼마나 더 만나게 될까 하는 생각이 들기 때문이지요. 가족들에게 서운한 마음이 들 때도 생각합니다. 다시 볼 수 없게 되는 그날이 만일 오늘이라면, 이해하지 못할 일이 어디 있을까 하고요. 세상 끝에 언제 닿을지 모르기에 서글픈 그날이 오늘이라면, 그 반물빛 길의 시작이 오늘이라면, 용서하지 못하고 사랑하지 않을 이유가 무엇일까요.

2장 걷다 보면 길이 된다

감빛: 꿈을 그리다

\# 잘 익은 감의 빛깔과 같은 붉은빛

지난겨울 뒤늦게 한 오디션 프로그램을 알게 되었습니다. 비슷한 포맷의 방송에 식상해져 경연 프로그램을 보지 않았는데 『무명가수전』은 특별하게 다가왔어요. '이름이 널리 알려져 있지 않은 가수'. 그들의 꿈을 향한 지난한 세월이 아린 마음을 자아냈습니다. 그 깊은 간절함을 바라보며 '이름이 널리 알려져 있지 않은 작가'라도 될 수 있을까 하는 생각에 나 자신을 안아주고 싶었는지도 모릅니다. 그들의 삶을 의미 있게 해주는 것이 노래였다면, 내 꿈의 배는 읽고 쓰는 것이라는 돛을 달고 있습니다. 비록 늦은 시작이었지만 말이에요.

감히 작가라는 꿈을 품을 수 없었습니다. 단지 몇 번의 도전만으로 가슴 뛰는 삶을 향한 마음을 접을 만큼 용기 없는 젊음이었네요. 그래도 모두 거둬들일 수는 없었나 봐요. 쓰는 삶을 향한 바람은 글

쓰는 언저리라는 생업에 머물렀으니까요. 아이들에게 글쓰기를 가르치며 모든 것을 잊었다고 생각했습니다. 하지만 20년 동안 묻어두었던 나의 언어들은 어느새인가 조금씩 존재를 드러내며 마음을 일렁이게 했습니다. 포기한 게 아니라 꿈을 그리며 살아가고 있었던 거예요.

그렇게 해서 부족한 첫 책을 내고 숨겨두었던 동화 습작으로 예상치 못한 등단도 했습니다. 하지만 그 짧은 환희 후 6년이 흐르는 동안 뜻대로만 흘러가지는 않았어요. 투고와 공모전의 실패는 마음이 아팠지만, 그조차 일상처럼 여기게 되었지요. 매일 써도 모자라기만 한데 여전히 읽는 것을 더 좋아하고 밥벌이를 핑계로 많이 쓰지 못하는 사람이 작가가 될 수 있을까요. 아직 모르겠습니다. 정말 나는 책을 사랑하는 사람인지, 아니면 읽는 것으로 쓰는 삶을 유보하는 것은 아닌지 말이에요.

나의 삶과 닮아서 가슴이 쿵 내려앉게 했던 애니메이션 속 인물이 있습니다. 그는 영화『소울』의 주인공인 '조'예요. 재즈 피아니스트로 성공하는 꿈을 품고 있지만 현실은 학교 음악 선생님의 고달픈 삶을 살아가고 있었지요. 그러던 어느 날 조는 유명 재즈 밴드에서 연주하는 일생일대의 기회를 잡았고, 자신의 실력을 유감없이 발휘하게 됩니다. 그런데 환상적인 공연을 마친 조는 재즈 클럽을 나서며 공허한 눈빛을 보입니다. 잔뜩 감정 이입하며 조의 환희를 함께 만끽하려던 나는 한 대 얻어맞은 기분이었어요. 그제야 비로소 꿈의 길을 시작하게 되었는데 조는 왜 그런 모습을 보여주었는지 생각이 많아졌습니다. 꿈을 이루고 나니 짙은 허무함이 느껴졌을까요.
아니면 음악 선생님으로서 제자들과 함께했던 마음의 소중함을 절
감하게 되었던 것일까요.

또 다른 주인공인 '소울 22'는 자신만의 불꽃을 찾지 못해 환생하
지 못하고 힘들어했습니다. 그러다 햇살 속 눈부신 하늘과 나뭇가
지의 흔들림을 보고 깨달아요. 그것을 느낄 수 있는 것만으로도 삶
은 충분히 살아갈 만한 가치가 있음을 말이에요. 어쩌면 조도 꿈을
반드시 이루어야만 의미 있는 게 아니라, 일상에 숨어있는 소중한
순간들을 통해 존재 자체만으로도 인생이 눈부실 수 있다는 것을 알
게 되었던 게 아닐까요.

조와 같이 나도 불꽃처럼 가슴 뛰는 무언가가 있지 않으면 삶이 무
의미할 거라는 생각을 해왔는지도 모릅니다. 하지만 '나이 듦'이라는
생의 선물이 살아감의 시선을 다르게 해 주었어요. 꿈을 목적으로 하
는 인생이 아닌, '꿈을 그리는 삶'을 살아가고 싶다고 말이에요.

몇 달 전 엄마 덕분에 알게 된 가수들이 하는 콘서트에 엄마를 모
시고 다녀왔습니다. 이제는 유명해진 무명가수들이 잘 익은 감처럼
고운 빛깔을 뿜어내는 것 같았어요. 그들이 잠시 반짝이다 다시 잊
히지 않기를 바라다가 생각해 봅니다. 이루지 못하면 또 어때요. 감
빛 꿈을 그리며 살아갈 수 있다면 그것만으로도 반짝이는 인생일 테
니까요.

제빛: 문장의 향기를 헤아리다

본래의 색깔

마흔이 되어서야 마음에 봄이 찾아왔습니다. '서른 즈음에'보다 더 깊은 생각이 드는 '마흔 즈음에'는 제법 괜찮은 나이 듦이라는 생각도 들었어요. 스물의 시간 같은 풀빛 향기는 없어도 잔잔한 물빛으로 충만했던 마흔의 시간. 생의 파도는 여전히 여름날의 태풍처럼 찾아왔고 그로 인해 세차게 흔들리기도 했지만, 또다시 고요한 바다의 평정심을 찾을 수 있었던 건 나의 친구, 책 덕분입니다.

이보다 더 바닥일 수 없다고 생각한 순간에도 기어이 책을 찾아 문장의 숲으로 들어갔습니다. 그러면 보이지 않는 보호막이 어지러운 세상으로부터 나를 떼어놓았어요. 내 삶의 계절마다 모서리 가득 접혀 있는 책들이 나를 위로하고 이끌어 주었습니다.

문장의 향기를 헤아리다 보면 단어 사이로 바람이 붑니다. 마음이 일렁이다 어느새 내가 살아가는 삶의 층위가 달라지지요. 덕분에 작은 일 하나하나에 일희일비하는 대신 조금 더 멀리 바라보게 되었어요. 찌는 듯한 열대야가 이어지는 날이면 더위를 잊게 해 줄 만큼 몰입하게 하는 소설이 친구가 되었고, 뾰족한 마음을 동그랗게 빚고 싶을 때는 시가 벗이 되었으며, 지치고 힘든 날이면 첫 문장부터 나를 안아주는 작가의 에세이를 마음에 품었습니다.

책을 읽다 보면 순간 환하게 빛나는 문장이 있습니다. 그 문장은 내면에 스위치를 켜주지요. 마음의 빛깔이 달라지니 내가 사는 세상도 따스해집니다. 그래서 글 숲을 걷고 또 걷게 되나 봐요. 생각만으로도 아득해지며 내가 할 수 있는 일들이 우주의 먼지처럼 보일 때조차 문장 산책은 단어 하나하나에 마음을 뉘며 나라는 사람의 제 빛을 찾게 해주니까요. 이토록 귀하고 고마운 친구를 내가 어찌 사랑하지 않을 수 있나요.

책은 타인의 행동과 같이 내가 노력해서 바꿀 수 없는 것에 얽매이지 않게 해줍니다. 그것에 연연하기보다는 노력하면 변화할 수 있는 나에게 몰두하게 합니다. 그리하여 뜻대로 할 수 없는 일에 매달려 '지금 할 수 있는 일'을 놓치지 않게 해주지요. 또한 지금에야 알게 된 것을 젊은 시절 알았다면 어땠을지 생각해 보게 합니다. 아무리 나이가 들더라도 꿈을 잃지 않는다면 마주하게 될 삶도 그려보게 하고요. 소음 가득한 세상에서 온갖 상념에 서성이는 마음을 붙들어 줍니다.

때로는 몰라서 읽는 게 아닙니다. 이미 알고 있던 마음이 글로 형상화된 것을 보는 건 커다란 힘이 됩니다. 알아도 기운을 얻지 못하던 내 마음을, 살아감에 지쳐 주저앉은 나를, 그 마음과 같은 문장이 또렷한 발걸음으로 다가와 다독이며 다시 일으켜 세워 주는 것이지요. 그렇게 오늘도 숨쉬기 힘든 고된 삶이 환기되고 조금은 살아갈 만해집니다.

살굿빛: 글 짓는 마음

\# 살구의 빛깔과 같이 연한 노란빛을 띤 분홍빛

말보다 글이 편합니다. 말은 수많은 오해를 자아내지만, 글은 정제된 문장 속에서 마음을 오롯이 건넬 수 있게 해 주지요. 물론 그조차도 달리 해석하는 사람을 만나면 벽을 마주한 듯 외롭지만, 최선으로 담아낸 참마음이라면 그 이후의 일까지는 생각하지 않으려고 노력 중이에요.

삶의 무게를 글로 덜어냅니다. 마음의 결을 따라 단어를 고르고 문장을 가다듬다 보면 내면에 켜켜이 쌓인 슬픔의 안개가 옅어집니다. 자기 인식과 성찰을 통해 보다 깊은 사유를 하게 되니 관계에 있어서도 도움이 됩니다. 글을 쓰는 동안 순화된 정서로 인해 상대에 대한 이해의 폭이 넓어져 보다 객관적으로 상황을 바라볼 수 있으니까요.

살굿빛 글 짓는 마음은 두려움과 설렘, 실망과 벅참 사이를 오가며 나를 살아있게 합니다. 어쩌면 내가 세상을 이렇게 살아갔다는 흔적. 생각하고 사랑하고 걸어갔다는 것을 담아두고 싶어서 글을 쓰는지도 모릅니다. 모든 존재가 그러하듯 이곳을 떠나게 됐을 때 조금은 덜 허무하도록. 비록 우주의 먼지 같은 작은 존재이지만 이곳에서 울고 웃었던 나의 여운을 잠시나마 두고 싶음은 또 하나의 부질없는 욕심일지도 모릅니다. 그럼에도 불구하고 그런 무상한 삶이 또 다른 누군가의 마음에 닿아 잠시나마 쉬어갈 수 있기를 바라고, 내 사랑하는 사람들을 조금 더 안아주고 싶은 마음에 오늘도 나는 읽고 쓰는 삶을 꿈꿉니다.

첫 책 출간 후 광화문 교보문고에 갔을 때를 잊을 수 없습니다. 서울의 대형 서점에서 내 책을 만난다는 달뜸은 서점에 들어선 순간 거대한 책숲에 압도되어 어지러움과 숨 막힘으로 바뀌었지요. 독자로서 갈 때는 한 번도 느껴보지 못한 기분이었어요. 세상에는 이미 수없이 많은 책이 있고, 하루에도 얼마나 많은 수의 새 책이 쏟아지며 또 소리 없이 사라지는지, 가슴 철렁하도록 느끼게 된 것입니다.

유명 작가와 이름 있는 출판사의 책들은 근사한 책 옷을 입은 채 화려한 광고로 스포트라이트를 받으며 메인 매대에 스타처럼 자리하고 있는데, 그 광활한 세상에서 한 칸을 차지하고 있는 나의 책이 애처로워 보였습니다. 그래도 짧게나마 서가에 꽂혀 있지 않고 표지를 드러낸 채 누워 있음에 얼마나 감사하던지, 외로워 보이는 나의 책을 손으로 여러 번 쓸어 주었어요.

책을 낸 기쁨은 그리 오래가지 않았습니다. 첫 책 이후 일상도 그다지 달라진 게 없었어요. 책의 바닷속에서 내 작은 책은 어느새 잊혀졌고, 나는 여전히 생업 속에 바쁜 하루하루를 살아갑니다. 하지만 그 찬란한 순간들은 추억의 사진이 되어 한 장 한 장 소중하게 남아 있습니다.

온라인 검색 창에 나의 책 제목을 타이핑하던 순간.
서점 매대에서 처음으로 책을 만났을 때의 두근거림.
책 속 문장으로 직접 낭독해 만든 오디오 영상을 보던 날.
한 사람만 공감해 주어도 행복할 것 같았는데,
감동적인 서평을 연이어 만났을 때의 뭉클함.
이 모든 시간을 함께한 소중한 가족들의 응원.

책으로 만난 따뜻한 사람들도 결코 잊을 수 없습니다. 생면부지의 사람과 책을 통해 마음을 나누고 위로를 주고받을 수 있다는 것. 누군가의 마지막 시간들을 나의 책이 함께했다는 걸 알게 되었을 때의 시린 고마움과 먹먹한 마음이 여전히 모자란 내게 쓸 수 있는 힘이 되어 줍니다. 멈추려 하는 나에게 용기를 줍니다. 그로 인해 오늘도 누군가 나의 문장에 자신의 이야기를 포개 놓을 수 있기를 바라며 걸어갑니다. 배우고 꿈꾸고 사랑하며 살아감에 설레고 싶습니다.

까만빛: 기다림

\# 불빛이 전혀 없는 밤하늘과 같이 밝고 짙은 검은빛

기다림은 아름답습니다. 때로는 까맣게 타들어가는 마음으로 힘들어도 세월이 흐르고 나면 그 시절이 애틋하게 느껴지기도 해요. 라디오에 사연을 보낸 후 두근거리는 마음으로 기다리던 시절에는 답장 편지를 기다리며 우편함을 살피기 위해 들락날락하는 설렘이 있었어요. 애타는 기다림이 길수록 마침내 도착한 편지를 발견했을 때의 기쁨은 배가 되었지요. 아날로그 시대를 살아온 덕분에 우체통에 편지를 넣는 두근거림, 그리고 지난한 기다림 끝에 찾아오는 행복을 배울 수 있었습니다.

기다리는 것을 잘합니다. 책과 함께라면 기다림이 잠시간의 쉬어감이 되기도 했어요. 만남이 많았던 이십 대 때는 주로 대형 서점을 약속 장소로 했습니다. 그렇게 하면 상대가 늦어도 기다림으로 인한 조바심을 잊게 되었으니까요. 새로 나온 책들을 살피고 궁금했

던 책들을 읽으며 구매하기도 하고, 크리스마스 시즌이면 카드를 고르며 즐거운 시간을 보냈습니다. 오히려 어떤 날에는 우연히 집에서 읽은 책이 재미있어, 생각보다 상대방이 빨리 오면 책을 내려놓아야 해서 아쉽기도 했어요. 그래서 늘 약속 시간보다 먼저 나가서 기다리는 편이었습니다.

고대하는 일들을 기다리는 순간도 좋습니다. 여행은 준비하며 기다리는 것부터 즐거움이지요. 고대하던 책이 배송되기를 기다리고, 보고 싶은 영화나 공연이 시작되기 전까지의 기다림도 좋아요. 만나고 싶었던 사람을 기다리고, 좋아하는 커피를 마시기 전까지 머신 소리를 듣는 것도 마음을 달뜨게 해요. 그 무엇보다도 두 딸을 기다리던 마음이 가장 행복했습니다. 입체파의 그림보다 난해한 초음파 사진을 보며 팔다리가 길다고, 이목구비가 예쁘다고 보고 또 보며 일기장에 정성스레 붙인 후 태교 일기를 쓰던 때는 금빛 시간이었어요. 콩콩 귀여운 태동을 느끼면 배를 부드럽게 어루만졌지요. 그렇게 아기의 손과 발을 상상하며 만날 날만을 고대했습니다. 첫 배냇저고리와 턱받이를 만들기 위해 십자수를 놓으며 기다리던 마음은 생애 커다란 행복이었어요. 아이들이 자라면서도 그랬습니다. 동요 대회나 반장 선거 날 같이 딸들에게 중요한 일이 있는 날이면 교문 밖에서 기다리며 응원을 보냈어요. 결과보다는 아이의 얼굴빛을 기다리는 날이었습니다. 혹시나 실망의 빛이 보이면 어떻게 해야 할지 준비하면서요.

무언가를 향한 간절한 용기가 필요한 까만빛 기다림은 허무하게 끝나기도 합니다. 시험이나 취업 원서 접수 후의 기다림처럼 말입니다. 그럼에도 불구하고 최선을 다했다면 실패는 다음의 기다림으로 이어질 수 있습니다. 공모전에 응모하고 원고 투고 후의 기다림을 수년 동안 해왔어요. 우체국에서 우편을 접수하기 전 작품이 들어 있는 봉투 사진을 찍는 마음. 메일을 보낸 후 수신함을 열어보며 역시나 하고 상처받는 마음. 그렇게 계속 기다리다 보니 이제 그만 멈추고 싶다는 생각이 들기도 했습니다.

그럼에도 불구하고 묵묵히 기다립니다. 까만빛 마음이 있다는 건 무언가를 향해 꾸준히 흐르고 있다는 것이니까요. 글이 써지지 않을 때는 마음을 문장으로 엮을 수 있을 때까지 기다립니다. 책을 읽거나 음악을 들으며 걷습니다. 커피를 마시거나 영화를 봐요. 그렇게 기다림을 즐깁니다. 아무런 기다림이 없다면 퍽퍽한 일상이 될 거예요. 그래서 오늘도 기다립니다. 이 책이 독자의 마음에 닿는 그 순간을.

쪽빛: 묵묵한

짙은 푸른빛

 '묵묵한'이라는 말을 좋아합니다. 묵묵한 삶, 묵묵한 사랑, 묵묵한 마음. 이렇게 살아가는 사람을 보면 나도 모르게 마음이 기웁니다. 그래서일까요. 혼자 있는 사람을 보면 눈길이 머뭅니다. 가던 길을 되돌아 자꾸 바라보게 되지요. 묵묵히 걸어가는 뒷모습. 묵묵히 일하는 사람. 어지러운 세상 속에서도 묵묵히 제빛을 잃지 않는 사람을 보면 애틋한 마음이 듭니다.
 화려한 빛은 없어도 긴 여운을 주는 사람. 생텍쥐페리를 좋아하는 것도 그의 작품 속 인물들의 매력 덕분이 아닐까 해요. 『야간비행』과 『인간의 대지』에서는 새로운 밤의 항로를 개척해 나가는 사람들이 등장합니다. 위험천만한 초기 야간 비행 시대에 그들은 자신만의 묵묵한 항로를 지켜나가지요. 다시는 따뜻한 가족 품으로 돌아오지 못할 수 있음을 알면서도 말이에요. 끝없이 이어지는 칠흑 같은 밤의 비행. 그들의 적막하고 고독한 길을 생각하면 마음에 노을이 내립니다.

"농부들은 자신들의 불빛이 소박한 식탁을 밝히기 위해 빛난다고 생각하지만, 그들로부터 팔십 킬로미터 떨어진 곳에 있는 사람은 그 불빛 신호에 감동을 느낀다. 마치 그들이 바다 한가운데 무인도에서 절망에 빠져 구조의 불빛을 흔들기라도 하는 양 말이다."

— 생텍쥐페리, 『야간비행』

사소한 행위조차 너른 시선으로 바라보게 하는 감탄의 문장이었어요. 또한 작은 별빛과 한적한 농가의 희미한 불빛에서조차 삶을 지탱할 힘을 얻는 사람들에게 경외감을 느꼈습니다. 지금 이 순간에도 한 사람의 묵묵한 길이 누군가의 잠연한 삶에 어우러지고 있다는 것을 생각하면 살아감이 덜 외로워졌습니다.

풍요보다 결핍이 나를 성장하게 만들었습니다. 알면서도 허물어지는 날들도 있지요. 쉼 없이 일해 온 시간 속에서 구역질이 날 정도로 버티기 어려운 날도 있었습니다. 도저히 그 어떤 것으로도 울퉁불퉁한 마음이 동그래지지 않던 날들. 헤쳐 나가야 할 일들이 나의 그릇보다 넘쳐흘러 어떤 것부터 주워 담아야 할지 모르던 날. 그럴 때는 간신히 베포 할아버지를 떠올립니다. 미하엘 엔데의 『모모』에는 '잘 들어주는 아이' 모모의 친구로 '말 없는 노인'과 '말 잘하는 청년'이 등장합니다. 그중 전자인 도로 청소부 베포에게서 진정한 어른의 모습을 마주했어요. 그는 원형극장 근처 오두막집에 살고 있는 구부정한 모습의 작은 노인이었어요. 어찌나 과묵하고 신중한지 질문을 받으면 곰곰이 생각하다 하루가 흐른 후 대답하기도 했지요.

인간의 불행은 급하게 서두르거나 철저하지 못해서 저지르게 되는 수많은 거짓말에 의해 생겨난다고 믿는 도로 위의 철학자. 한결같은 쪽빛 마음으로 굳건하던 그는 시간을 빼앗아 가는 회색 신사들에게 아이들만큼이나 힘든 대상이었습니다. 어떻게 해도 그를 설득할 수 없었던 회색 신사들은 결국 모모의 몸값으로 베포에게 10만 시간의 저축을 요구합니다. 시간을 벌기 위해 난생처음으로 성급한 비질을 시작하는 베포. 사라진 친구를 되찾기 위해 자신의 신념조차 고통과 맞바꾸는 그의 모습은 누구보다 아름다웠습니다.

어떤 것에도 흔들리지 않고 오로지 현재의 할 일을 향해 묵연한 발걸음을 딛지만, 타인을 위해서는 자신의 철학을 잠시 접어 둘 수 있는 베포에게서 진정한 어른의 모습을 보았습니다. 그는 평생토록 해온 무수한 비질을 통해 살아감의 지혜를 깨달았을 거예요. 앞으로 가야 할 힘든 길이 언제 끝날지 한숨짓고 헤아려지지 않는 끝을 자꾸 생각하다 보면 지금 하는 일이 더욱 버겁게 느껴집니다.

"한꺼번에 도로 전체를 생각해서는 안 돼, 알겠니?
다음에 딛게 될 걸음, 다음에 쉬게 될 호흡,
다음에 하게 될 비질만 생각해야 하는 거야.

계속해서 바로 다음 일만 생각해야 하는 거야.
한 걸음 한 걸음 나가다 보면 어느새
그 긴 길을 다 쓸었다는 것을 깨닫게 되지.
어떻게 그렇게 했는지도 모르겠고, 숨이 차지도 않아."

 어제와 다를 것 없이 무료하고 고된 일상에서도 자신만의 쪽빛으로 눈부신 사람이 되는 길을 베포의 도로 위에서 배웁니다. 우리가 비질하고 있는 이 순간들이 모여 끝내 인생이 되겠지요. 나만의 보폭으로 잠연히 살아가다 보면 하염없이 길게만 느껴지던 어두운 길도 어느새 끝이 보일 거예요. 숨이 턱까지 차오르면 베포의 말을 떠올립니다. 지금 할 수 있는 일에만 몰두하려고 애씁니다. 그러다 보면 과묵한 그가 충분히 잘 해내고 있다고, '지금 가는 길이 너의 길'이라며 고요한 눈길로 응원해주는 듯합니다.

갈빛: 책방 헤아림

\# 검은색을 띤 주황 빛깔(갈색)

문장 사이로 부는 바람이 마음을 훑고 지나가면 삶이 일렁입니다. 인연처럼 마주하게 되는 눈부신 문장은 마음의 스위치를 켜주지요. 젖은 솜이 가슴을 짓누르는 것 같은 날에는 책을 찾아 혼자만의 세계로 침잠합니다. 문장의 향기를 헤아립니다. 그러다 보면 소음으로 가득 찬 세상에서 간신히 심폐 소생술을 받게 되지요.

글숲 거닐기를 좋아하는 나에게 책이 있는 곳은 안식처예요. 책장에 꽂혀 있는 책등만 보아도 숨이 쉬어집니다. 서가 사이를 탐험하며 온종일 앉아 있어도 눈치 보이지 않는 도서관을 좋아합니다. 빛깔이 다른 책방을 찾아가는 것은 여행 같은 설렘을 줍니다. 언제나 손을 뻗으면, 다정하게 나를 안아주는 책과 친구가 된 것만으로도 이번 생은 괜찮은 삶이 아닐까 생각하기도 해요.

마흔의 중턱을 오르며 '읽고 쓰는 삶'을 향한 꿈을 다시 그리게 되었습니다. 내가 쓰는 글이 책으로 엮어질 가치가 있는지 두렵기도 하지만, 지금껏 가르치는 삶을 살았다면 남은 생은 글을 쓰며 살아가고 싶어요. 내게 있어 글쓰기는 책의 든든한 벗이기도 합니다. 세상으로 한 걸음 나아가는 길이며 따뜻함을 나누고 싶은 존재의 이유입니다.

묵묵히 읽고 쓰다 보면 어느새 '호호' 할머니가 되어 있겠지요. 그때는 세상의 시계와 달리 느리게 흘러가는 책방에서 동그란 미소로 손님을 맞고 싶습니다. 다만 한 가지 걱정이 있어요. 낯선 사람 만나는 것을 힘들어하는 이가 책방을 운영할 수 있을까요. 낯가림 많은 책방 주인이 장사 수완까지 없다면 생각만으로도 아찔해지지만, '하하' 할아버지가 된 씩씩한 남편이 곁에 있다면 용기를 낼 수 있을 것 같아요. 은은한 조명이 멋스러움을 주는 갈빛 서가. LP 음악이 어우러진 커피 향 가득한 책방. 그곳에서 책 좋아하는 사람들과 도란도란 이야기 나눌 수 있다면 바랄 것 없는 노년이 되겠지요.

책방에 가면 왠지 말을 걸어올까 봐 조마조마하는 나 같은 사람을 위해, 손님이 들어오면 환한 인사만 건넨 후 적정한 거리 두기를 하고 싶습니다. 그러다 손님이 먼저 무언가 묻기 시작하면 비로소 편안한 대화를 나눌 거예요. 맞이하는 인사는 강아지처럼 하고, 이내 고양이처럼 굴다가 손님이 말을 건네면 수줍은 책방 친구가 될 거예요.

책방 이름도 여러 가지 생각해 두었습니다. 그중 가장 마음에 드는 건 '책방 헤아림'이에요. 나와 타인의 마음을 헤아리는, 인생을 헤아릴 수 있는 공간이 되기를 바라니까요. 어려운 살아감 속에서 때로는 하나의 문장이 삶에 빛이 됩니다. 무심코 지나쳤던 문장이 인생의 어느 계절에는 별이 되기도 하고요. 그런 책을 만나도록 도울 수 있기를, 그런 일이 일 년에 한 번만이라도 책방 헤아림에서 일어날 수 있기를 소망해요.

또 다른 상상도 해봅니다. 어느 날 문득 연락 없이 문을 열고 들어오는 딸들을 보면 어깨 한 번 툭 쳐 주며 따뜻한 차 한 잔을 주고 싶어요. 그렇게 차 한 잔 마시며 잠시라도 쉬어가게 해주고 싶어요. 마음으로는 꼭 안아주고 싶겠지만 바라지 않을 수도 있으니 꾹 참으며 말이에요. 혹시 곁에 어린 손주를 데리고 왔다면 그 아이들을 대신 안아줄 거예요. 지금은 결혼하지 않겠다고 하지만 미래의 일은 모르잖아요.

묻고 싶은 말이 많아도 나이 들수록 줄이려고 했으니 잘 참아낼 것이고, 늘 배우는 삶을 살아가는 엄마 아빠의 웃음만 가득 담아가게 하고 싶습니다.

은빛: 조금 빠르거나 다만 늦게 이루어질 뿐

은의 빛깔과 같이 반짝이는 빛

읽을 때마다 다르게 담기는 책을 좋아합니다. 내용을 알고 있어도 다시 찾게 되는 책은 삶의 시절마다 다른 빛깔로 스며들지요. 동화도 그래요. 긴장감 있는 사건이나 특별한 반전은 없어도 읽는 것만으로도 특별한 사유를 주는 동화를 좋아해요. 그래서일까요. 각자의 고민으로 힘들어하는 아이들에게 위로가 되는 동화를 쓰고 싶습니다.

작은 소녀와의 추억이 동화 등단의 길을 열어주었어요. 마치 그 시절의 소녀가 세월을 건너 선물을 보내준 것처럼 말이에요. 생각지도 못했습니다. 스토리 창작은 도저히 꿈꿀 수 없는 먼 나라 이야기 같았으니까요. 처음 글을 쓰게 된 것은 내 안에 부유하는 단어들을 꺼내 놓아야만 했기 때문입니다. 미지의 문장들이 차올라 그대로 둘 수 없었습니다. 무언가를 써야만 마음이 덜어졌어요. 그렇지 않으면 왠지 불편했으니까요. 에세이 쓰는 것을 좋아했지만 자기 검열 때문에 마음껏 문장을 풀어내지 못했습니다. 나의 이야기이기도 하지만 그 속에서 언급되는 또 다른 누군가의 전혀 다른 이야기가 될 수도 있다는 생각 때문이었어요. 세월에 따라 나의 모습도 흐르기에, 이미 쓴 글 속의 내가 달라질 수도 있다는 생각에 문장 하나하나 조심스러웠습니다.

에세이와 달리 동화는 인물 뒤에 있을 수 있어 해방되는 기분이었어요. 작가가 직접적으로 드러나지 않기 때문이에요. 문제는 스토리 창작이었습니다. 내게는 기발한 생각을 해낼 능력이 없다고 단정 지었어요. 그러다 생각했지요. 꼭 그렇게 쓰지 않아도 된다고요. 등단했던 『하늘바라기』도 잔잔한 동화였으니까요. 나만의 빛깔로 따뜻한 동화를 써야겠다는 마음이 들었습니다.

동화를 쓰면 특별한 느낌을 받습니다. 인물들이 내 안에 살아있는 것 같았어요. 부디 자신들을 세상 밖으로 내보내 달라고 이야기하는 듯했지요. 그러한 역량이 부족해 미안했는데, 끝내 용기를 내어 여러 버전으로 작품들을 수정해나가고 있습니다. 앞으로의 이야기가 또 어떻게 변할지는 모르지만, 지금까지는 내향적인 아이들이 주인공이에요. 착해서 힘든 아이들. 뱉어내지 못하고 마음속에서만 말하는 아이들의 목소리가 되어 주고 싶습니다. 두 딸이 그러했으니까요. 동화 속에는 딸들의 어린 시절을 위로하는 마음이 담깁니다. 26년 동안 글쓰기 수업에서 만난 아이들 덕분이기도 해요. 세월의 흐름에 따라 조금씩 달라지고 있지만 내향적인 아이들의 어려움은 이어지고 있어요. 혼자 공부하고 숙제하는 게 아닌, 모둠을 이루어 과제를 준비하고 발표하는 일이 전보다 많아져 더욱 힘들어지지 않았나 싶네요.

돌아보니 나 역시 조용한 아이였어요. 눈물이 많은 아이였지만 학교생활 속에서는 흔들리지 않았던 것 같아요. 골려서 화나게 하려는 남자아이도 내가 끝까지 반응을 보이지 않아, 스스로 포기했을 만큼요. 그 시절의 중심을 갖게 했던 것은 책의 힘이었습니다. 대부분 책 속 인물들에게서 답을 얻었던 것 같아요. 언제 어디서나 책장을 펼치기만 하면 마음을 안아주며 위로해 주었으니까요. 방학이면 엎드려 책 읽기를 좋아해서 말 그대로 책과 함께 뒹굴었지요. 책상에 앉아 읽는 것보다 자유롭게 읽는 걸 즐겼어요. 책을 읽지 않았더라면, 그 세상의 힘을 알지 못했더라면 인생은 많이 달라졌을 거예요. 그것을 아이들에게도 느끼게 해주고 싶어서 동화를 쓰게 되었습니다.

동화를 투고하며 대형 출판사와 인연이 닿은 적이 있습니다. 긍정적으로 메일을 주고받았는데 출판사가 제안해 준 대로 원고를 수정하다 보니 원래의 의도와는 다른, 이도 저도 아닌 동화가 된 것 같았습니다. 결국 출간으로 이어지지 못했고요. 또 다른 장편 동화도 청소년 소설로 제안받은 적이 있는데 그 역시 수정 과정에서 인연이 닿지 않았습니다. 애쓰고 실망하는 일의 반복에 지쳐 그만두고 싶다가도, 내 안에 은빛으로 반짝이는 인물들 덕분에 다시 자판 앞에 앉습니다.

 수많은 반려 메일을 수년씩 받다 보니 이제는 조금 익숙해질 법도 한데 여전히 상처가 됩니다. 그때마다 고개 숙인 마음속에서 일렁이는 은빛이 말해주는 듯합니다. 조금 빨리 찾아오거나 단지 늦게 만나게 될 뿐이라고요. 그래요. 조금 빠르거나 다만 늦게 이루어질 뿐입니다.

파란빛: 걷다 보면 길이 된다

맑은 가을 하늘과 같이 밝고 선명한 푸른빛

혼자만의 공간이 절실한 걸 보니 힘든 감정을 마주해야 할 시간인가 봅니다. 또다시 드라마 『미생』의 OST를 찾아 듣고 있네요. 그중에서도 한희정의 「내일」을 연속 재생하며 가만히 따라 부르고 있습니다. 매해 그런 것은 아니지만 어떤 새해가 되면 나도 모르게 이 노래를 즐겨 듣곤 하는데 올해가 그렇습니다. 살아감이 만만치 않은 거지요. 『미생』은 『나의 해방일지』와 함께 오래도록 마음에 남는 드라마예요. OST도 좋아하는데 어지러운 마음이 들 때면 『나의 해방일지』 속 곽진언의 「일종의 고백」을 들어요. "이를테면 계절 같은 것에 취해"라는 가사는 들을 때마다 왜 그리 마음을 아리게 만드는지 모릅니다.

『미생』의 노래들은 출근길의 장그래가 마주한, 이른 새벽임에도 불구하고 이미 일상을 열어가던 사람들에 대한 장면을 떠오르게 해요. 더불어 어떤 추억이 슬라이드 사진처럼 스치곤 합니다. 모두가 잠든 홍콩의 센트럴 셩완 거리. 셔터 내린 가게와 빈 트램 철길을 바라보며 인적 없는 거리를 걸었습니다. 이 생의 수많은 하루를 함께 걷고 있는 남편의 손을 잡고, '내일'을 들으며 말이에요. 낮 동안 마주했던 이국적인 트램 속 수많은 사람들로 분주했던 곳과는 다른 분위기에 잠시나마 관광객이 아닌 일상을 끝낸 누군가의 마음이 되었습니다.

"모두가 돌아간 자리
행복한 걸음으로 갈까
정말 바라던 꿈들을 이룬 걸까
밀렸던 숙제를 하듯
빼곡히 적힌 많은 다짐들
벌써 일어난 눈부신 해가 보여
또 하루가 가고
내일은 또 오고
이 세상은 바삐 움직이고"
― 한희정, 「내일」

버티어 낸 오늘의 끝을 마주하며 찾아오는 내일을 환대하고 싶습니다. 그 마음을 단단히 심기 위해 봄이 되기 전에 연극을 보고 싶네요. 대학로의 연극을 처음 보았을 때가 생생합니다. 어떤 연극이었는지 제목과 내용은 기억나지 않지만, 배우의 작은 숨소리조차 가깝게 느껴지는 소극장이었어요. 배우들과 그토록 가까이 마주할 수 있다는 게 스무 살의 나에게는 경이로움이었습니다. 자신만의 무대를 채워가는 최선이 고스란히 전해져 서툰 실수조차 아름답게 느껴졌어요. 배우들이 품고 있는 꿈을 향한 모습이 파란빛으로 다가왔습니다. 무명 배우의 희망과 아픔을 시리도록 품고 있는 빛. 그 눈부신 마음과 열정을 마주하며 깊이 응원하게 되면서도 문득 부끄러웠습니다. 그러면서 내 마음에도 피어올랐던 것 같아요. 꿈을 향한 파란빛이 말이에요. 그것을 다시금 일깨우고 싶어서 이후에도 가끔 연극을 보러 갔습니다.

걷다 보면 길이 됩니다. 그런데 어느새 그 마음도 세월에 어렴풋해졌네요. 최근에는 배우의 인지도나 극본의 화제성에 따라 연극을 보게 되었습니다. 소극장 공연을 본 적도 까마득해요. 유명한 공연은 티켓값 때문에 미루게 되었고요. 그러다 지난가을, 오랜만에 뮤지컬을 보았습니다. 음악을 좋아하기에 어느 순간 기회가 닿으면 연극보다는 뮤지컬을 선호했는데 제법 큰 공연장에서 올려진 뮤지컬은 세트의 화려함과 연출은 멋졌지만 배우들과의 거리는 멀었지요. 물론 영상매체와는 달랐지만 거리 때문인지 유명한 그들은 여전히 화면 속 인물 같았습니다. 확실히 소극장 연극을 볼 때와는 다른 느낌이었어요.

뮤지컬은 가득 찬 화려함 때문에 그 자체로만 보이는 다보탑 같고, 연극은 사유의 여백으로 충만한 석가탑 같습니다. 그래서 연극으로 조금 더 마음이 기우네요. 하지만 무대 위에서 그들이 품고 있는 파란빛은 모두 우리를 닮았습니다. 가슴에 간직하고 있는 모두의 꿈이 자신만의 무대 위에서 닮은 빛을 이루어내길 바라며 "오랫동안 꿈을 그리면 그 꿈을 닮아간다"는 앙드레 말로의 문장을 되뇌어 봅니다.

조금 빠르거나 다만 늦게 이루어질 뿐, 걷다 보면 길이 됩니다.

3장 샘밑이 되다

밤빛: 든든한 샘밑

여문 밤의 겉껍데기 빛깔과 같이 검은빛을 띤 갈색빛

시간을 되돌릴 수 있다면 제일 먼저 달려가고 싶은 밤이 있습니다. 어느 영화 속 주인공처럼 옷장 안에 들어가 두 눈을 감고 떠올릴 그날은 황망히 아빠를 놓친 밤입니다. 쉰셋. 누구보다 건강하셨기에 체기가 있다고 하신 그 밤이 마지막이 될지 몰랐습니다. 운명은 때때로 삶을 쥐고 흔들 수 있음을 안다고 생각했는데, 그렇게 가혹할 줄은 상상도 못 했습니다. 언제든 아빠의 현관문 비밀번호 누르는 소리가 들릴 것만 같았습니다. 5년이 지나서야 비로소 조금씩 실감 나기 시작한 아빠의 부재.

찐 옥수수의 여름 냄새는 잊히지 않는 시린 추억을 떠오르게 합니다. 터울 많은 동생들은 너무 어려서 아빠는 지인들과의 여행에 초등학생인 나만 데리고 가셨던 것 같아요. 어디를 갔는지, 무엇을 먹고 어떤 것을 보았는지는 생각나지 않지만, 사진처럼 선명히 떠오르는 순간이 있습니다. 옥수수밭 한가운데서 잎을 잡고 포즈를 취하며 웃는 어린 나. 그 앞에서 흐뭇하게 사진을 찍으시던 젊은 아빠.

아빠는 그 후에도 종종 옥수수밭을 보면 가족들에게 사진을 찍자고 하셨어요. 옥수수밭이 왜 그리 좋으셨을까. 묻지도 못했는데 이제 그 기억은 나 홀로 가끔 꺼내어 보는 아릿함으로 남게 되었습니다.

깊은 새벽, 거실 베란다 문을 열고 앉아 담배를 태우시던 뒷모습도 떠오릅니다. 세상사를 모르는 마음에도 왜 그리 외롭게 느껴지던지, 인기척도 내지 않고 다시 조용히 방으로 들어갔던 나. 그런 나를 아빠는 늘 그럴만해서 그렇게 했겠지, 하는 믿음으로 바라봐 주셨습니다. 새로운 비디오가 나오거나 전자 기기를 사 오실 때는 집에 들어서자마자 나를 부르셨어요. 아빠와 나는 황야의 무법자 『장고』 같은 서부 영화와 중국 무술 영화를 즐겨 보았는데, 지금 와서 생각해 보니 무언가를 함께할 수 있다는 게 더 좋았던 것 같습니다. 기기 사용법을 설명해 드리며 느꼈던 뿌듯함도요.

어느덧 23년. 그동안 아빠는 몇 년에 한 번씩 꿈에서 만날 수 있었습니다. 올해도 젊은 아빠가 눈부신 빛을 뒤로한 채 많이 힘들 텐데 네가 애쓴다고 말씀해 주셨어요. 이제는 좋은 일이 있을 때보다 아픈 일이 있을 때 더 생각나고, 길을 걷는 아빠 연배의 분들을 보면 아빠의 지금 모습을 상상하다 이내 고개 젓습니다. 이생에서 이별하고 나니 좋은 기억만 마음에 돋아납니다.

엄마는 쉰에 아빠와 사별했습니다. 그때는 엄마의 나이가 제법 있었다고 생각했는데 너무나도 젊으셨던 거예요. 초등학교 때는 엄마가 학교에 오면 친구들이 우리 엄마가 제일 예쁘다는 말을 많이 했는데, 그럴 때마다 어깨가 으쓱했어요. 엄마는 세련되고 멋지면서도 매사에 꼼꼼하고 살림도 잘하시며, 아내로서도 엄마로서도 최선을 다했습니다. 지금의 나는 도저히 다다를 수 없을 정도였지요. 초등학교 때는 일일교사가 된 엄마가 어찌나 준비를 잘해 오셨던지 아이들에게 인기 만점이었고, 학부모총회 날은 내 자리 서랍에 응원의 쪽지를 남겨 다음 날 내게 뭉클함을 느끼게 해주었어요. 도시락은 카레와 쇠고깃국 등 매일 다른 국에 다채로운 반찬을 어찌나 예쁘게 싸 주셨는지 뚜껑을 열면 아이들이 감탄하며 수저를 들고 달려들 정도였습니다. 생일 때면 근사하고 맛있는 오므라이스를 만들어 주셨는데 지금도 인생 오므라이스이지요.

그 시절 아이 셋을 키우며 첫째 며느리 같은 둘째 며느리로 고생하시면서도 불평 하나 없이 당연한 몫이라고 생각하셨던 것 같습니다. 엄마는 삼 남매 반 친구들 이름은 물론이거니와 아들이 좋아하는 농구 선수 이름을 다 외우고 규칙도 배워나가셨어요. 그러고 보니 지금 내가 딸들이 좋아하는 것들을 알아가려고 노력하는 건 엄마를 닮았네요. 엄마도 아마 자식들이 좋아하면 그저 다 좋으셨을 거예요. 요리도 집안일도, 대학입시 때마다 종이학 천 마리씩 삼천 마리를 접으셨던 엄마를 감히 따를 수는 없지만, 드디어 닮은 것 하나 찾았습니다. 하나 더, 아기를 좋아하는 것도요.

아빠 덕분에 엄마와의 시간을 회상해 보니 홀로 남으신 엄마가 더욱 애틋해집니다. 밤빛처럼 깊고 진한 부모님의 사랑이 내 삶에 든든한 샘밑[2]이 되었음을 깨닫게 됩니다. 당연하다고 생각했던 순간들이 쉽게 그러할 수 없음을, 너무나도 귀한 자산이었음을 감사하게 됩니다.

---

2 샘 솟는 근원, 영원한 창조의 근원

꼭두서닛빛: 손깍지

꼭두서니를 원료로 하여 만든 물감과 같은 붉은빛

새봄 같은 어린아이를 보면 나도 모르게 웃게 됩니다. 그런데 언제부터인가 그 곁에 있는 아이 엄마의 얼굴에도 눈길이 머물러요. 젊은 엄마는 예쁘니까요. 멋스럽게 꾸미지 않아도 맨얼굴에 부스스한 모습조차 빛이 납니다. 그 시절의 내가 눈부심을 알아보지 못했듯 다시 십 년이 흐르면 지금의 내 나이도 곱게 여겨질까요.
 '젊은 엄마'라고 쓰니 엄마가 떠오릅니다. 공개수업에서 엄마를 본 반 친구들은 언니나 이모가 아니냐는 질문을 많이 했어요. 진짜 엄마가 맞느냐고 하면서요. 그런데 왜 넌 엄마를 안 닮았냐는 말을 하는 남자아이들도 있었지요. 우리 집에 놀러 오고 싶다면서 내가 아닌 우리 엄마를 보러 오겠다고도 했고요. 그 말에 살짝 볼이 붉어지긴 했지만 올라가는 입꼬리를 감출 수는 없었어요. 엄마에 대한 칭찬에 뒤를 돌아보면, 정말 엄마는 학부모들 사이에서 늘 눈에 띄었습니다. 초등학교 입학식 사진을 봐도 알 수 있지요. 세련된 스타일에 또렷한 이목구비가 예쁜 엄마가 내 옆을 빛내며 서 계셨으니까요.

그러던 어느 날 문득 엄마의 고운 손이 세월을 얹고 있음을 깨달았습니다. 서늘한 마음이 들었어요. 그런데 어느새 나의 손도 그날의 엄마 손을 닮아있습니다. 그것을 처음 느낀 순간 옅은 탄식이 마음에 내려앉았어요. 딸들도 내 손을 바라보며 서늘함을 느끼고 있을까요.

엄마는 칠순이 넘은 연세에도 여전히 동안 미모를 갖고 계십니다. 하지만 당신께서는 사진을 보며 나이 듦을 토로하시지요. 세월이 흐를수록 엄마를 생각하면 애잔해집니다. 자식들 앞에 우뚝 서 앞장서시던 엄마가 조금씩 작아지고 계시니까요.

그래도 엄마는 여전히 '엄마'였습니다. 얼마 전 베트남에 있는 동생 가족을 만나기 위해 여행을 갔을 때의 일이에요. 비행기 공포증이 있는 내가 5시간 반의 비행을 하게 되다니 생각만 해도 아찔했지요. 오랜만에 엄마와 함께하는 여행에서 덜덜 떠는 모습을 보이고 싶지 않았지만 걱정이었어요. 그런데 이륙 전 엄마가 웃으며 내 손을 잡아 주셨습니다. 게다가 '손깍지'라니. 엄마와 손깍지를 해본 게 언제였는지 기억도 나지 않아요. 손끝에서부터 전류처럼 차오르는 뭉클함이 이런 엄마를 두고 절대 무서워하면 안 된다는 마음을 세워주었습니다. 이후에도 엄마는 긴 비행시간 동안 이야기를 이어가셨고, 난기류 안내 방송이 나오면 갑자기 비행지도를 가리키며 더 많은 말들과 함께 내 주위를 다른 곳으로 이끌려고 애쓰셨지요. 비행을 무서워하는 쉰의 딸을 칠순의 엄마가 안아주신 거예요. 그 어떤 단어로도 표현할 수 없는 그날의 감동은 결코 잊을 수 없는 내 인생의 순간이 되었습니다.

젊은 엄마는 꼭두서니의 꽃말처럼 아름다운 자태를 지니셨지요. 어느덧 푸른빛 청춘은 아득해졌지만 켜켜이 쌓인 세월 속에서 오로지 자식만을 향한 사랑의 꼭두서니빛은 더욱 짙어졌습니다. 아리고 애틋한.

하늘빛: 풍경 같은 사람

\# 맑은 하늘의 빛깔과 같은 연한 파란빛

　추억을 품고 있는 풍경은 바라보는 것만으로도 안온한 마음을 선물합니다. 오랜 풍경 같은 사람. 그를 생각하면 하늘빛이 떠오릅니다. 스물하나의 어느 날. 늦어도 자판기 커피 한 잔은 꼭 마시고 강의에 들어가던 나는 그날도 아침 하늘을 바라보고 있었습니다. 그때 마침 셔틀버스가 도착했는데 왠지 그가 내릴 것 같았어요. 아니, 그를 볼 수 있으면 좋겠다고 생각했습니다. 그런데 정말 하늘색 폴로티를 입은 그가 버스에서 내리더니 2층 창가에 있던 나를 발견하고는 함박웃음을 짓는 거예요. 그러고는 잠깐만 거기 있으라고 외치더니 단숨에 뛰어와 백팩에서 편지를 꺼내 건넨 후 "난 이만 수업이 늦어서."라고 하며 그대로 되돌아갔습니다.

　청아한 하늘과 청량한 하늘빛 미소. 그날의 추억이 있어 그가 군대에 있는 동안에도 외롭지 않았습니다. 그는 내게 그런 사람이었습니다. 사람들 앞에서보다 둘이 있을 때 더 넓은 바다같이 나를 지켜주었어요. 커다란 이벤트는 없어도 매일을 빛나는 하루로 만들어주었습니다.

대학 때는 교내 도서관의 한 책 속에 편지를 두었다는 그의 말에, 혹시나 누가 먼저 책을 대출해 편지를 받지 못하게 될까 봐 조마조마하면서도 설레는 마음으로 뛰어가기도 했습니다. 약속도 없이 종로에 갔던 날에는 나의 전화에 또 얼마나 급하게 뛰어왔는지 몰라요. 너무나도 빨리 도착한 그는 오자마자 공원 벤치에 드러누웠는데, 가쁜 숨을 고르던 그 모습은 결코 잊을 수 없는 영화의 한 장면처럼 남아있습니다. 커다랗게 사랑한다고 외치던 한강대교의 밤은 또 어떻고요. 떠올리는 것만으로도 설렘 가득한 순간들. 그는 그 시절 아름다운 추억을 선물해 준 더없이 고마운 사람입니다.

그렇게 7년을 함께하며 오랜 친구는 소중한 연인이 되었고, 지금까지 세상에서 가장 귀한 친구 같은 남편이 되어주고 있습니다. 무엇이든 소탈한 웃음으로 품어주던 바다 같은 사람. 그런 그가 이제는 도랑 같이 되었다며 놀릴 때도 있지만, 그 선하고 순수한 사람이 밖에서 얼마나 많은 버거운 순간을 견뎌내고 있나 생각하면, 가장으로서 얼마나 커다란 무게를 짊어지고 있는지 헤아리면 뾰족해졌던 마음이 동그래집니다.

언제 어디서나 함께 나눌 말이 많고, 고요히 걷기만 해도 위로를 주는 사람. 그런 그와 한세상을 살아갈 수 있기에, 살아감의 고비마다 고개 들어 별을 바라볼 수 있습니다. 하루만 함께 살아도 더 큰 소망 없겠다고 빌었던 밤이 아직도 선연한데 이렇게 하루하루 같이 걸을 수 있다니 나의 이번 생은 하늘빛입니다.

가짓빛: 첫사랑

잘 익은 가지의 빛깔같이 남빛을 띤 보랏빛

라디오에서 흘러나오는 말에 운전대를 잡은 손이 느슨하게 쥐어졌습니다. 첫사랑과 결혼하면 비 오는 날 생각나는 아련한 사람이 없어 가끔은 외로워진다는 말이었어요. 지금 곁에 있는 이 사람이 내가 사랑했던 그 사람과 너무 달라 보일 때는 슬퍼진다고도 했고요.

나의 첫사랑을 떠올려 봅니다. 여럿이 함께할 때면 소리 없이 챙겨주었고 오랜 시간 친구의 거리를 지켜주었기에 더 깊이 사랑할 수 있었지요. 그가 내 마음에 사진처럼 담긴 날도 그랬어요. 벤치에 묵묵히 앉아 있던 모습이 그를 향한 삶의 문을 열어주었습니다. 큰 키에 커다란 웃음의 그는 넉살 좋은 성격으로 선배와 동기에게 두루 인기가 많았습니다. 신입생이었음에도 불구하고 동아리 MT 버스에서 사회자로 추천되었고 사람들에게 내내 큰 웃음을 안겼지요. 술과 사람을 좋아하는 그의 곁에는 언제나 많은 사람이 있었습니다.

춘천 중도로 MT 갔던 날, 그를 새롭게 발견하게 된 아침을 잊지 못합니다. 식사 후 동아리 사람들과 함께 자전거를 타며 자유를 누리고 있을 때였어요. 평소 많은 이들과 어울려 다니던 그가 홀로 우두커니 벤치에 앉아 있었습니다. 자전거로 섬을 몇 바퀴 돌았는데도 그때마다 그는 같은 자세로 앉아 있었지요. 그 모습이 자꾸만 마음에 담겼어요. 밤새 사람들과 호탕하게 웃으며 즐기던 그가 왜 그렇게 하염없이 앉아 있을까 하는 생각이 들었습니다. 자전거를 타고 앞으로 달리면서도 마음은 그에게 머물렀던 아침이었어요. 평소의 쾌활한 모습과 달랐던 그날의 그는 오래된 일기장에도 담겨 있습니다. 그렇게 오랜 친구에서 연인이 되어가는 7년 동안 서로의 곁을 지켜주는 묵묵한 사랑이 시작되었습니다.

달같이 은은하게 스며드는 사랑이었습니다. 많은 사람 앞에서는 항상 나서고 분위기를 주도하는 사람이었는데, 내 앞에서는 조용히 귀 기울여주고 기다려 주는 게 고마웠어요. 사람들의 이야기를 듣기만 하던 나였는데, 그 사람 앞에만 서면 서슴없이 내 이야기를 할 수 있었습니다. 평소 조용한 나는 그 앞에서 재잘댔고, 늘 활기찬 그는 내 앞에서 조용히 들어주었습니다.

"네게 힘이 되고 의지할 수 있는 좋은 사람이 생기면 잘 대해 줘⋯⋯. 난 네가 어떻게 해도 널 이해해. 하지만 그렇게 되지 않았을 땐⋯⋯ 내가 그 사람이 돼줄게. 꼭⋯⋯ 잘 살아."

입대하기 전 마지막 통화. 장난스럽게 이야기하던 그가 어렵게 건넸던 말이 아프도록 나를 붙잡았습니다. 기다린 게 아니었어요.

그냥 멀리 있어도 함께하는 삶이었습니다. 봄이 시작되지도 않았지만, 가을이 되어서야 볼 수 있다는 것이 하루하루 나를 힘들게 했어요. 많이도 울었고, 이유 없이 열흘을 앓아눕기도 했습니다. 병원에서도 알 수 없다는 병을 얻으며 문득, 그리움이라는 것을 알게 되었습니다. 내 사랑의 깊이도 말이에요.

눈이 오면 생각난다는 첫사랑과 결혼해 어느새 만난 지 33년. 둘이 함께한 세월이 홀로 있던 시간보다 많아졌습니다. 하늘빛 사랑은 폭풍과 너울 속을 헤치며 세월에 익어 가짓빛이 되었지요. 그래도 여전히 첫눈을 함께하고 싶고, 크리스마스가 되면 며칠을 고르고 골라 산 카드가 그가 내게 준 카드와 같던 날의 뭉클함이 떠오릅니다. 별다를 거 없는 이야기에도 커다랗게 웃어 주는 그가 있기에, 성인이 된 딸들 앞에서 아직도 개구쟁이 초등학생처럼 장난치는 소탈한 그가 있기에, 모진 빗속을 하염없이 걷는 것 같은 날에도 버티어 낼 수 있었습니다. 첫사랑과 결혼하니 얼굴만 봐도 마음을 알 수 있어 고된 살아감에 위로를 받습니다. 괜찮다고 도닥이며 "오늘도 최고의 날이 될 거야."라고 말하는 그가 있기에, 긴 안갯속도 두려움을 딛고 헤쳐 나갑니다.

별빛: 두 번의 삶

\# 별의 반짝이는 빛

두 딸을 통해 두 번의 삶을 살아갑니다. 걷기와 한글 익히기 등 암묵적으로 규정된 시기마다 서로 비교하게 만드는 생의 경주. 결코 되돌아가고 싶지 않던 입시를 향한 학교생활을 다시 살아가며 또 한 번의 무력감을 느끼기도 했어요. 어른이 되면 달라질 거라 믿었습니다. 세상이 변하지 않으면 내가 바꿀 수 있을 거라 생각했어요. 하지만 여전히 성공을 향한 치열한 내달림 속에 밀려가는 아이들을 보면 애잔한 마음이 듭니다.

두 딸이 있습니다. 우리 집에는 행복이 두 배라는 거지요. 기쁨이와 장군이. 우리 가족에게 첫 선물로 찾아왔기에 더할 수 없는 반가움으로, 늘 기쁨을 주고받는 사람이 되라는 뜻의 기쁨이. 건강하기만을 빌고 또 빌었기에 삶의 어떤 상황에서도 씩씩하게 살아가기를 바라는 뜻의 장군이. 이렇게 내 삶에는 별빛 같은 두 딸이 있습니다.

누군가에게서 언제 가장 행복하냐는 질문을 받은 적이 있어요. 어떤 것을 생각하면 웃게 되냐고 말이에요. 그 말을 듣자마자 두 딸이 떠올랐습니다. 두 팔을 한껏 벌리면 눈부신 웃음으로 환하게 달려오던 꼬마 기쁨이와 장군이. 삶이 고될 때 아이들을 꼭 안으면 허한 가슴이 메워지는 듯했습니다. 힘든 치과 치료 중에도 두 꼬마를 떠올리며 참아내는 겁쟁이 엄마였어요. 그렇게 품에 쏙 들어오던 큰딸은 어느새 168cm가 되었고 막내딸은 174cm로 훌쩍 자랐지요. 아빠를 닮아 키가 큰 딸들은 나를 보며 왜 이리 작냐고 놀려댑니다.

꼬마 엄마는 웃음 가득한 딸들의 소중한 순간을 늘 함께할 줄 알았나 봅니다. 언젠가 둥지를 떠날 걸 머리로만 알고 있었던 거예요. 엄마 아빠 없이도 제 세상에서 아이들만의 삶이 채워지고 있다는 게 아린 기쁨을 자아냅니다. 대견하면서도 마음에는 바람이 불어요. 아직 물리적 공간은 같이 하고 있지만 방문 안에는 딸들만의 세상이 존재하지요. 세월과 함께 그 세계는 조금씩 커지고 덩그러니 남편과 둘만 남는 날이 올 거예요. 막내까지 스무 살이 되고 나니 부모 독립의 마음을 키워가야겠다는 생각이 듭니다.

딸들이 사춘기가 되면서 어렴풋이 알게 된 게 있어요. 적당한 물리적 거리 두기. 먼저 다가올 때까지 기다리기. 있는 그대로 인정하기. 건강하게 살아가는 것만으로도 고마워해야 한다고 말이에요. 닮은 취향과 성향으로 바늘과 실이 된 기쁨이와 장군이는 마음이 여려요. 섬세해서 살아가며 받는 상처도 깊습니다. 하지만 언젠가 결핍이라 생각하는 것들이 사실은 특별함임을 깨닫게 될 거예요. 쉽지 않은 삶 속에서 각자의 길을 스스로 겪어내며 마음 근육을 단단하게 만들어 가겠지요. 아직 자신들은 잘 모르겠지만 타인을 향한 공감과 다정함이 훗날 살아감에 그 어떤 것보다 힘이 되리라 믿습니다.

　잘되지 않아도 괜찮고 큰일 나는 것 하나 없으니 누구보다 자신을 사랑하기를. 일상 속 반짝이는 순간을 담을 수 있는 사람이 되기를. 사회적 프레임 속 타인의 시선에서 자유로울 수 있기를. 알 수 없는 삶의 페이지가 허무하게 멈추는 날이 찾아와도 망설임으로 인한 후회 때문에 무거움이 남지 않기를. 채울수록 허해지는 욕심으로 나이와 함께 찌들어가는 사람이 아닌, 타인을 돌아볼 수 있는 참사람으로 살아가기를. 그렇게 살아가다 주저앉고 싶을 때면 조금은 먼 길을 앞서 걷고 있는 내게 와서 쉬어갈 수 있기를.

봄빛: 봄을 닮은 아이

봄을 느낄 수 있는 경치나 분위기

　기쁨이를 생각하면 봄빛이 그려집니다. 태명처럼 가족들에게 환한 마음을 선물해 주었지요. 결혼 후 1년, 반려자를 닮은 아이를 만나고 싶었던 내게 반짝이는 기쁨으로 찾아왔어요.
　그해 가을 건강하셨던 쉰셋의 아빠가 갑자기 심근경색으로 돌아가셨고, 그 충격으로 혼절하셨던 엄마는 알지 못했던 빚까지 떠안으며 집마저 넘겨야 하는 경제적 위기 앞에 놓였습니다. 허망하기만 한 생의 무게 속에서 엄마는 기쁨이를 보며 애써 이겨냈던 것 같아요. 홀로 그늘 속에 있던 엄마가 기쁨이의 첫걸음마에 보이셨던 커다란 웃음소리는 아직도 선연합니다.

　기쁨이는 잘 웃는 아이였어요. 지금처럼 동그란 웃음이 참 예뻤지요. 군대 간 남동생이 노란 유모차에서 환히 웃고 있는 기쁨이 사진을 관물대에 붙여놓을 정도였어요. 조카를 향한 그 마음은 말하지 않아도 전해지는 걸까요. 성인이 된 기쁨이는 삼촌과 티키타카가 잘 맞습니다. 장군이 고등학교 졸업을 기념해 삼촌과 셋이 함께 일본 여행을 갈 수 있었던 것도 아마 그 덕분이 아닐까 해요.

  기쁨이는 속상한 감정을 직접적으로 표현하지 않는 아이였어요. 그토록 열심히 준비했던 반장 선거에서 떨어진 날도 교문 앞에서 기다리는 나를 보며 환한 웃음을 보여주었습니다. 그날 다시금 느꼈습니다. 기쁨이는 속상해도 웃는구나, 하고요. 사춘기 때도 내게 미운 말 한 번 한 기억이 없어요. 겉으로는 늘 태평해 보여 낙천적인 아이처럼 보였지만, 그렇지 않을 수도 있다는 걸 알기에 마음을 헤아리려 깊이 바라보아야 했습니다. 초등학교 공개수업 때는 이런 일도 있었어요. 모둠 활동을 거의 혼자 준비하고 발표도 여러 번 연습했는데 수업 당일 다른 아이가 발표하겠다고 하자 고개를 끄덕이고는 쉬는 시간에 내게 안겨 울었지요. 나중에 그 사정을 알고서 얼마나 마음이 아렸는지 몰라요.

  재수 시절에는 새벽이면 눈도 잘 못 뜬 채 나가서 늦은 밤이 돼서야 돌아오곤 했는데, 그때도 힘든 티를 내지 않았습니다. 대학 합격 후 가방을 정리하다가 기쁨이가 썼던 글을 보고 얼마나 버거웠는지 늦게서야 알게 되었네요. 늘 잘할 거라고 생각했던 나의 믿음이 되레 기쁨이에게 부담이 되었을지도 모릅니다. 속엣말을 도란도란 풀어놓는 동생에게 엄마 곁을 자연스레 내어 주었는지도 모르고요. 기쁨이는 아빠와 친했습니다. 아빠만 챙기는 게 서운하지는 않았지만, 성인이 된 후에도 좁혀지지 않는 기쁨이와의 거리에 내가 무언가 잘못한 게 있지 않을까 생각하며 미안했어요.

기쁨이는 좋은 친구가 많습니다. 어딘가에서 태극귀인이라는 사주를 들었다고 하던데 맞아요. 기쁨이는 인복이 많은 아이지요. 아이의 친구들은 입을 모아 기쁨이가 착하다고 내게 이야기했어요. 착한 아이라니, 많이 힘들었을 것 같습니다. 함께 나누고 있었다고 생각했는데, 말하지 않고 혼자 겪어냈을 기쁨이의 어린 시절을 생각하니 미안했습니다. 그저 항상 뒤에 서 있을 뿐이었지만 마음 길은 언제나 기쁨이를 향해 있었는데, 그 마음을 이제 알아본 것일까요. 지난해부터 기쁨이가 그렇게 엄마를 찾네요. 너무나 고맙게도요. 게다가 꿈을 향한 길에 커다란 힘이 되어주고 있습니다.

봄은 아름다운 꽃들의 향기와 빛으로 밝은 계절입니다. 그러기에 마음이 겨울인 사람들에게는 더욱 힘든 시간이 될 수도 있지요. 봄에 태어난 기쁨이는 봄처럼 눈부신 아이예요. 겨울의 마음을 품고도 봄을 닮은 웃음을 짓는 사람이지요. 그게 늘 염려스럽지만, 그렇기에 자신을 닮은 좋은 사람들 속에서 마음 가는 길을 향해 잘 살아갈 거예요.

태어나지도 않은 장군이를 위해 유치원 바자회에서 자기 몫을 나눠 동생 선물을 사던 따뜻한 아이. 노인의 삶을 그려낸 그림 동화를 인상적으로 읽고 비슷한 드라마를 보며 펑펑 울던 기쁨이가 어느새 대학을 졸업하게 되었습니다.

"수현아, 완벽하려 애쓰지 않아도 돼. 웃으면서 슬픔을 감추지 말고, 울고 싶을 때는 주저앉아 펑펑 울어도 돼. 네가 상상하는 이상으로 너는 멋진 능력을 가지고 있고 참 근사한 사람이란다. 잘될 거야. 안 되어도 괜찮고. 살아감의 모든 순간이 삶에 선물이 될 수 있음을 잊지 말렴. 사랑해."

"To. 유재은 작가님
아이 같은 순수함을 지켜내며 멋진 어른으로서
살아온 우리 엄마의 생일을 축하합니다♡
엄마를 보면서 나도 늘 도전하고 꿈꿔나갈 용기를 얻어요.
엄마의 모든 삶을 늘 응원하고 있다는 걸 잊지 마시길 ^^
사랑하고 늘 좋아해요, 엄마♡"

*– 기쁨이가 준 책 선물, 첫 장의 글 ^^*

무지갯빛: 무지개처럼 피어나렴

무지개와 같이 여러 빛깔로 아롱져 보이는 색

"모를 수도 있지……. 실수할 수도 있지……. 거기서 중요한 것은 내일이 오늘보다 나아지는 거야."

무언가 속상한 일이 있었나 봅니다. 책상 앞에 앉아 한참을 고민하더니 이렇게 적어 놓았더라고요. 같은 나이라도 막내는 엄마에게 늘 어리게만 생각되나 봐요. 그래서인지 어리광쟁이 열두 살 장군이가 어찌나 대견했는지 몰라요. 스스로에게 하는 말일 텐데, 읽는 제 마음도 토닥이며 일으켜 주었습니다.

그런데 지금 다시 찬찬히 읽어보니 또 말줄임표에 마음이 머무네요. 모르고 실수했던 일이 적지 않았거나 상처가 깊었던 건 아닐까 하고 말이에요. 그럼에도 불구하고 알록달록한 빛깔의 글자에 마음을 꾹꾹 눌러 담아낸 걸 보고 있으니 아리기만 합니다.

장군이를 생각하면 무지갯빛이 그려집니다. 장군이는 태명과 달리 어릴 적에는 핑크 공주였어요. 이모와 친했던 장군이는 화장대 거울 앞에서 노래를 부르며 이모의 비싼 화장품을 몽땅 발라서 가족들을 웃게 했고, 내 구두를 꺼내 신고 자신만의 흥에 취해 또각또각 공주님처럼 걷기도 했지요. 오래 신지 않아 나조차도 낯선 하이힐이었어요. 아이가 벗어놓은 구두를 다시 신발장에 넣다 보니 먼지 묻은 신발들 속에 켜켜이 쌓여있는 세월이 보였습니다. 그뿐만이 아니에요. 밤에 책 볼 때 쓰라며 천 원짜리 북라이트도 사다 주고 작아지는 내 마음을 어떻게 알아챘는지 비타민 음료와 쪽지로 위로해 주던 속 깊은 아이였습니다.

대여섯 살 때는 이런 일도 있었어요. 1시간 넘게 기다려 드디어 컴퓨터를 할 수 있는 차례가 되었지만 자신을 쳐다보는 어린아이를 보고는 주저 없이 자리를 양보해 주었지요. 기대하며 기다린 시간을 알기에 5분이라도 했으면 해서 아쉽지 않냐고 물어보았는데, 괜찮다며 다른 곳으로 가는 뒷모습을 보고 알았습니다. 장군이가 어떤 아이라는 것을요. 장군이는 타인의 마음을 잘 헤아리는 아이입니다. 그로 인해 눈치 보며 상처받는 일도 많았을 거예요. 그래서 할 수 있는 한, 늘 막내 곁에 머물렀던 것 같네요. 잘한 것인지는 모르겠지만 고마웠다고 해주니 안심이 되고 내가 더 고맙습니다.

8살 때는 학교에서 노래를 부른 후 아이들에게 사인을 받아오기도 하고, 13살 때는 반 친구들끼리 아이돌 그룹을 만들어 춤 연습을 하다가 라면을 먹자며 많은 아이들을 데리고 와 할머니를 놀라게 했던 적도 있었어요. 공개수업 때면 엄마와 같이하는 활동에서 제일 먼저 손을 들어 고개 숙이고 있던 나를 앞에 나가게 했고요. 그렇게 장군처럼 씩씩할 줄만 알았는데 중학교 때는 힘든 시간 속에 움츠러들기도 했습니다. 그럼에도 또 그렇게 잘 버텨내었지요. 그것만으로도 장군이는 앞으로의 삶에서 무엇이든 잘 해낼 수 있는 사람입니다. 아직 자신이 가진 무한한 가능성을 모르고 있지만 분명히 발견해 낼 거예요.

자신이 원하는 것에 몰입하는 힘이 있는 장군이는 미니어처 만들기와 베이킹, 미술에도 소질이 많았어요. 가족들의 만류에도 불구하고 3년 반 동안 열심히 했던 입시 미술을 과감히 그만둘 만큼 자신만의 색이 분명한 아이입니다. 타인을 위한 삶을 꿈꾸는 장군이는 무지갯빛을 품고 있는 다재다능한 사람이에요. 무지개는 여러 빛이 어우러져 더욱 특별하고 눈부신 빛을 비춰줍니다. 마음 가는 곳을 향해 길을 걷다가 원치 않으면 멈추어도 돼요. 머물다 보면 무용하지 않은 순간이 또 다른 문을 열어줄 겁니다. 그렇게 무지갯빛 길을 걷다 보면 언젠가 장군이도 자신만의 고유한 빛으로 피어날 거예요.

장군이는 나의 첫 책이 나왔을 때 응원을 위해 블로그까지 만들어 북 리뷰도 올려주었어요. 초등학교 6학년 아이가 쓴 객관성과 주관성을 넘나드는 책 소개가 얼마나 환한 웃음을 주었던지요. 언니 기쁨이와는 여전히 현실 자매만의 아웅다웅하는 순간들도 있지만 둘다 성인이 되니 비슷한 취향을 나누며 밤늦도록 까르르 웃어서 마음의 온기를 데워줍니다. 엄마는 그저 조금 앞에서 묵묵히 걷고 있으면 되겠지요.

재즈와 인디 음악을 좋아하는 것도, 도란도란 진지한 이야기하는 걸 좋아하는 것도 나와 닮았어요. 엄마가 롤모델이라고 말해 뭉클함을 안긴 막내 장군이가 어느새 대학교 2학년이 되네요.

"수민아, 어깨를 펴고 활짝 웃으렴. 웃는 모습이 눈부신 너를 보면 누구나 너를 좋아하게 될 거야. 네가 상상하는 이상으로 너는 근사한 사람이란다. 잘 될 거야. 안 되어도 괜찮고. 살아감의 모든 순간이 삶에 선물이 될 수 있음을 잊지 말렴. 사랑해."

> "Pasi님의 꿈을 드디어 이루시게 되었네요~ ^^
> 축하드려요~
> 책 속에 모든 답이 있다
> 라는 어머니의 말이 이 책을 보고 나서
> 맞다는 생각이 듭니다.
> 꿈을 그리면 이루어진다 라는 말을
> 강조하신 pasi님이 꿈을 이루었어요.
> 이제 다음 꿈을 응원하겠습니다 ^^"
>
> *– 6학년 장군이가 자신의 블로그에 올린 글 ^^*

개나릿빛: 소중한 친구

개나리의 빛깔과 같은 노란빛

개나릿빛을 닮은 친구가 있습니다. 열다섯 살에 만나 강산이 몇 번이나 바뀌었지만, 새하얀 피부에 '빠알간' 볼이 인형 같아서 그 아이를 닮은 '엄지 공주' 그림책을 선물하기도 했어요. 그때부터였습니다. 편지를 쓸 때도, 수십 년이 지난 내 휴대폰에도 그 작은 소녀는 '엄지'라고 저장되어 있어요. 엄지가 처음으로 웨이브 머리를 했을 때는 영화 『내 사랑 컬리 수』에 나오는 사랑스러운 컬리 수가 눈앞에 있는 듯했어요. 맑고 커다란 눈망울과 오똑한 콧날이 예쁜 엄지는 대학에서도 인기가 많았습니다. 외모뿐만 아니라 따뜻한 품성과 고운 마음에, 명석하고 지혜롭기까지 했으니까요.

우리는 중고교를 함께 다닌 후 기쁘게도 같은 대학에까지 가게 되었어요. 그러다 보니 자연스레 동아리 활동도 함께했고요. 나누었던 시간이 많은 만큼 추억도 마음 서랍 가득 들어 있습니다. 스무 살의 어느 날에는 서울역에서 남산 타워를 바라보며 "저렇게 가까운 걸 보면 걸어서 금방 가겠네." 하고 걸어간 적도 있어요. 가도 가도 끝없는 길 위에서 우리는 어이없는 문과적 사고에 웃음이 터져, 가는 내내 깔깔댔지요. KBS 공개홀로 음악 공연을 보러 걷던 길에서는 우리가 결혼하게 된다면 각각 아들과 딸을 낳아 결혼까지 하는 거 아니냐며 웃기도 했고요. 그런데 정말 우리는 딸 둘, 아들 둘의 엄마가 되었습니다.

친구와 나는 아이들도 같은 산부인과에서 낳아 문화센터 유아 수업에도 함께 다녔어요. 그러다 보니 자연스레 아이들 어릴 때부터 가족 여행을 함께 가기도 하고, 크리스마스와 결혼기념일도, 송년과 새해에도 같이 나눈 소중한 시간이 참 많아요. 그래서일까요. 만날 때마다 두 부부가 함께할 이야기는 끊이지 않습니다. 술을 좋아하는 남편들은 초등학교 선후배라는 공통점까지 찾아 뭉치더니 어느새 남편 친구 모임처럼 돼 버리기도 했지요. 아이들은 아빠들이 더 친구 같다고까지 말할 정도입니다.

30여 년을 가까이 살다가 이사 온 후부터는 엄지를 만나기 위해 차를 타고 한 시간을 달려야 합니다. 그 덕분에 첫해에는 정말 오랜만에 손 편지를 써서 엄지에게 보내기도 했어요. 같은 동네에 살면 언제든 잠시 만나 도란도란할 수 있는데, 이제는 일 년에 볼 수 있는 날도 한 손으로 꼽을 정도가 되었습니다. 하지만 오랜만에 마주하는 친구와는 만나는 순간부터 웃음이 가득합니다. 한 시간이 1분 같이 흐르고 만나고 돌아오는 마음에는 에너지로 가득 차올라요.

친구가 그 애밖에 없냐는 말을 들은 적도 있습니다. 스치는 농담이었는데 그것은 내 삶의 관계를 돌아보게 해 주었어요. MBTI를 맹신하지는 않지만 고독을 즐기는 INFJ의 성향과 놀랄 만큼 비슷합니다. 어딘가에서 그림으로 풀이한 것을 본 적이 있는데, 16가지 성격 유형 친구들 단체 사진 속에 '인프제'만 없는 거예요. 그런데 그 아이는 저 멀리 홀로 앉아 책을 읽고 있더라고요. 그걸 보고 어찌나 공감했던지 한참 웃었습니다. 누군가와 나누는 작은 시간에도 온 마음을 다하려 애쓰다 보니 많은 사람을 만날 수가 없어요. 다행히 혼자 있는 게 외롭지 않고 되레 평화로운 마음이 되는 덕분에 살아갈 힘을 얻습니다.

언젠가는 엄지와 카톡을 주고받다가 별다를 것 없는 톡에서 친구의 기운 없음이 보였어요. 걱정되는 마음에 "왜 그리 힘이 없어?"라는 톡을 보내자 엄지는 "너 내가 보여?"라고 답해 아울러 웃었지요. 나란히 보낸 긴 시간 덕분에 목소리는 물론이거니와 메시지의 짧은 문장만으로도 마음을 살피게 됩니다.

아무리 곰곰이 생각해 봐도 다툰 기억 하나 크게 없네요. 어릴 때는 서운했던 적이 있었던 것 같은데 바로 이야기하거나 편지를 써서 풀지 않았나 싶어요. 약속 시간에 먼저 도착하는 성향도 같고, 헤어질 때면 서로의 모습이 보이지 않을 때까지 뒤돌아보며 손 인사 하는 것도 닮은 친구. 오랜 친구와의 만남은 그 어떤 사회적 가면도 필요치 않아 더없이 귀하고 고맙습니다. 특별한 말을 건네지 않아도 눈빛만으로도 위로가 되지요. 엄지와 함께 호호 할머니가 되어 마시는 차 한 잔을 상상하니 또 이렇게 미소 짓게 되는 아침입니다.

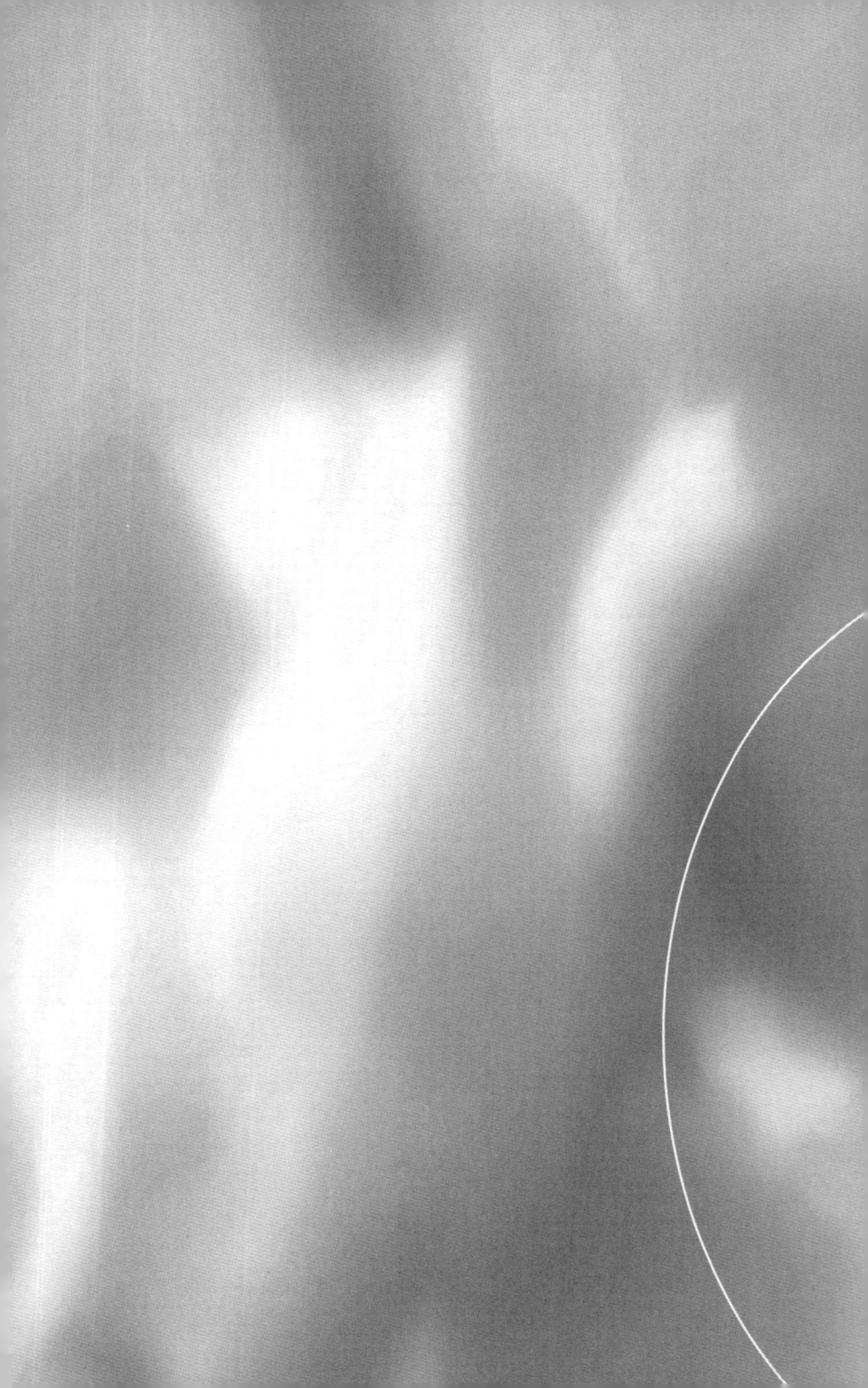

4장 그리다

갈맷빛: 고독의 시간

짙은 초록빛

살아가면서 문득 이방인처럼 느껴질 때가 있습니다. 오랜만에 나간 모임에서 공감할 수 없는 그들만의 화제가 이어질 때. 가고 싶지 않은 회식이나 마주하고 싶지 않은 사람들과의 어쩔 수 없는 모임에서 애써 웃음 지을 때. 지인과의 대화에서 낯설고 커다란 벽을 마주할 때. 그런 날은 집으로 돌아오는 길이 유난히도 허하고 쓸쓸합니다.

버거운 관계로 혼자 있는 시간을 그리워하면서도 여전히 같이 있어야 살아갈 수 있는 삶. 그 속에서 우리는 서로에게 이방인이 되지 않고자 애씁니다. 학창 시절에는 새 학년이 되면 무리에 속하기 위해 스트레스를 받고, 그렇게 되지 못했을 때의 소외감으로 학교생활이 힘들어지기도 하지요. 성인이 되어도 마찬가지입니다. 어떤 곳이든 사람들이 모이는 곳에서는 자연스레 집단이 형성되고 그렇게 이루어진 그들만의 결속력은 타 집단이나 개인에게 보이지 않는

견고한 벽으로 작용하니까요.

가끔은 식물을 닮은 사람들도 있습니다. 햇빛을 향해 몸을 기울이며 잠연히 제 몫을 지켜내는 사람들. 그들은 철학자처럼 외로워 보이는 상황에서도 고독을 향유하는 듯한 모습을 보이지요.『조르바의 인생 수업』에서 장석주 작가는 고독은 험한 파도가 치는 암흑의 바다이지만 범인은 고독을 두려워하고 천재들은 그것을 사랑한다고 말합니다. 또한 고독은 혼자 있을 때 찾아오는 것이 아니라 스스로 고립에 처했을 때 오는 것이며 지금 내가 여기서 살아간다는 실감 속에서 획득하는 능동적인 행위라고 합니다. 수동적으로 처해지는 외로움과 달리 고독은 자신을 발견해가는 의미 깊은 시간이 될 수 있는 것입니다.

몇 년 전부터 꽃과 나무에 유난히도 눈길이 머뭅니다. 그런데도 식물 기르기는 달가워하지 않아요. 어쩌다 아름답게 가꿔진 실내 정원 사진을 보면 마음이 동하다가도 이내 포기하게 되지요. 봄꽃 화분과 건강에 좋다는 화초를 여러 번 사온 적이 있는데 그때마다 키우기 쉽다는 꽃가게 주인 말과 달리 얼마 되지 않아 모두 시들어버렸기 때문이에요. 더 이상 살려낼 수 없는 식물을 흙과 함께 버릴 때면 마음이 좋지 않습니다. 생명을 살려내지 못한 것 같은 죄책감. 그것이 나로 하여금 다시는 식물을 집에서 키우지 않겠다는 생각을 불러왔습니다.

동물을 좋아하지만 감히 엄두를 내지 못하는 이유처럼 식물 역시 함께 관계함이 쉽지 않습니다. 온 마음을 다해 서로에게 길들여질 수 없다면 아예 시도조차 하고 싶지 않지요. 그런데 어느 날 중학생이었던 막내 장군이가 학교에서 행운목 묘목을 가져왔어요. 투명한 플라스틱 받침 속 물에서 자라던 조그마한 묘목이 언제 흙 화분으로 옮겨졌는지는 모릅니다. 장군이가 외할머니와 함께 키우며 옮겨놓았던 거예요.

그 후 내가 직접 키워야 하는 상황이 되었고 일주일에 한 번 행운목을 가까이에서 만났습니다. 장군이가 힘들었을 때 가져온 묘목이라 더욱 잘 키워내고 싶었어요. 이야기를 건네면 식물이 잘 자란다는 말을 들은 적이 있기에 "잘 먹고 쑥쑥 자라라"는 말을 하며 물을 주었고요. 그러다가 그냥 말하기보다 이름이 있으면 좋을 것 같아 '행운이'라는 이름을 붙여 주었어요. "행운아."라고 말하니 왠지 특별해졌습니다. 물을 주고 인사를 건네는 것만으로도 마치 누군가와 이야기하는 듯했지요. '이래서 식물을 키우는구나.' 하는 생각. 빈 집에서 혼자가 아닌 것 같은 느낌. 내가 아니면 이 아이는 시들지도 모른다는 염려로 물을 주는 짧은 시간이 애틋해졌습니다.

여느 때와 달리 행운이를 잘 지켜내니, 남편도 관심을 가지기 시작했어요. 잎이 조금 마르는가 싶으면 물을 주었는지 물어보기도 하면서요. 그리고 어느 순간부터 행운이는 아빠의 다정한 보살핌으로 크고 있습니다. 지난해에는 큰 화분으로 분갈이도 해주었는데 돌아보면 어느새 새잎을 만들어낼 만큼 성장 속도가 빠르네요. 새 화분에서 적응하지 못할까 봐 염려하기도 했지만, 지금은 이러다

104 　　무용해도 좋은

거실 한편이 정글이 되는 게 아닐까 싶을 정도예요.

  여러 명이 물을 주면 되레 시들까 봐 남편에게 행운이 아빠 몫을 내어준 후 나는 그저 행운이를 바라보며 그 성장 속도에 감탄하고 있습니다. 홀로 있는 행운이에게 친구 하나 더 두면 어떨까 생각할 때도 있어요. 하지만 아직은 행운이만으로 만족합니다. 잘 해낼 자신이 없으니까요. 그러한 나의 생각은 아랑곳하지 않고 행운이는 갈맷빛 고독을 즐기는 듯 보입니다. 흘러가는 물을 바라보면 마음이 일렁이다 고요해지는 것처럼 홀로 묵묵히 자라는 식물을 보면 숙연해집니다. 나이 들수록 나무에 마음이 기운다고 하는데 이제 그러한 인생의 계절을 살고 있나 봐요.

모싯빛: 달리는 순간들

모시의 빛깔과 같이 엷은 노란빛

문득 바라지 않는 유년의 추억들이 떠오르면 마음은 모싯빛으로 물듭니다. 긴 방학이면 책장 가득 채워진 책들을 하나씩 꺼내 뒹굴뒹굴하던 나는 집에 있는 것을 좋아하는 내성적인 아이였습니다. 유일하게 좋아했던 활동적인 놀이는 자전거 타기였지요. 그 시절에는 자전거를 가진 아이들이 드물었고 동네마다 자전거 대여 가게가 있었어요. 이용료도 저렴한 편이어서 하교 후 아이들은 삼삼오오 모여 1시간이나 2시간을 마음껏 내달렸습니다.

회전목마 타는 것만으로도 스릴을 느끼던 겁꾸러기는 이상하게도 자전거 탈 때만큼은 제법 과감했어요. 속도를 즐기며 손을 놓고 달리기도 했으니까요. 누구에게 자전거를 배웠는지는 기억나지 않지만 좀처럼 밖에서 놀지 않으려던 내가 유일하게 두말없이 나가는 건 자전거를 탈 때였어요. 그렇게 그 시절의 나는 단짝 친구와 장난감 워키토키로 "나와라, 오버!"를 외치며 미로 같은 골목길을 누볐습니다.

자전거 타는 게 좋았던 이유 중 가장 큰 것은 새로운 길을 찾아 떠나는 모험 같았기 때문이에요. 지금이야 온라인에서 쉽게 길 찾기를 할 수 있지만 여행 때도 지도를 사용하던 시절에 골목길에 대한 세세한 정보를 초등학생이 알 수는 없었으니까요. 미지의 세계로 탐험을 떠나듯 낯선 길에 접어들 때는 그 길이 어디로 이어질지 몰라 두근두근 마냥 설렜습니다. 그러다가 운 좋게 낯익은 길로 이어지는 걸 알게 되면 중대한 미션을 성공한 것처럼 벅찬 뿌듯함을 느꼈지요. 그렇게 친구와 나는 슈퍼까지, 혹은 놀이터까지 가는 더 가까운 골목길을 발견해냈고 그것을 우리만의 보물처럼 비밀로 간직했어요. 때로는 낯선 길 끝에서 가로막힌 벽을 만나기도 하고 무작정 달리다 제법 먼 곳까지 가기도 했지요. 그때 우리는 우리만의 새로운 땅을 개척해 나가는 꼬마 탐험가였습니다.

지금 와 생각해 보면 우리가 누비던 골목길은 버스로 한두 정거장 정도의 거리였던 것 같아요. 그래도 우리는 당시 인기 있던 TV 시리즈인 『전격 Z작전』의 주인공처럼 자동차 대신 자전거를 향해 '키트'라 부르기도 하며 시간 안에 키트를 자전거포에 되돌려주기 위해 신나게 달렸습니다.

그래서인지 어른이 된 후에는 운전하는 것을 좋아하게 되었습니다. 졸업 후 오랜만에 나간 모임에서 한 후배는 내가 운전한다는 것을 알고 도저히 상상이 안 된다며 놀라기도 했어요. 그만큼 겁이 많은 선배였으니까요. 지금도 여전히 운전하는 것을 좋아합니다. 듣고 싶은 음악을 재생하며 달리는 시간은 복잡하고 어지러운 마음을 잔잔한 물결로 만들어 줍니다. 게다가 비록 짧은 순간이더라도 나 홀로, 노래방에 간 것 같은 시간을 보내면 스트레스가 날아가는 기분도 들어요. 내게 있어 운전은 달려오던 길에 마음의 짐을 조금씩 덜어두며 일상으로 나아가게 하는 힘입니다.

그렇게 운전하며 오랜만에 친구를 만나러 가거나, 좋아하는 사람을 태우고 어디든 함께 가는 길은 행복합니다. 자전거는 지난해부터 발 때문에 못 타게 되었는데 가끔 몇 살까지 운전을 할 수 있을까 생각하기도 합니다. 운전을 못 하게 되면 책을 읽지 못하는 것만큼이나 슬플 것 같아요. 더 늦기 전에 유럽에서 가족들을 태우고 운전하며 여행하고 싶기도 하고, 좋아하는 음악을 들으며 아우토반 같은 길을 신나게 달리고 싶습니다.

마음을 잘 드러내지 않아서, 표현하지 못해서 마음껏 홀로 달리는 것을 좋아하게 됐는지도 모릅니다. 그렇게 달리는 모든 순간도 언젠가는 내 삶에 모싯빛으로 남겠지요. 달릴 수 있어, 걸을 수 있어 그저 감사한 오늘입니다.

약댓빛: 갈색 예찬

\# 낙타의 털과 같이 밝고 연한 갈색

다정한 밤 산책길에 문득 바라보니 나무는 어느새 가을이 되어 있었습니다. 유난히도 무더운 여름을 견디느라 살피지 못했던 것이지요. 아침저녁으로 서늘한 바람이 부니 비로소 나무의 빛깔이 보였나 봐요. 뜨거운 열기에서도 묵묵히 가을을 준비하고 있었다니 고개 숙여지는 마음입니다.

무슨 색을 좋아하느냐고 물으면 주저 없이 갈색이라고 말해요. 봄을 타는 여자, 가을을 타는 남자라고 하던데 나는 가을이면 지독한 계절 앓이를 합니다. 봄은 오히려 슬퍼서 좋아하지 않았어요. 아리고 시린 마음과 달리 무정하게도 다채로운 꽃들의 향연은 눈부셨으니까요. 반면 가을은 언제나 친구가 되었습니다. 약댓빛 옷으로 갈아입은 가을 나무는 마음의 파도를 잔잔히 다독이며 나를 안아 주었어요.

고등학교 때부터 갈색 펜을 즐겨 쓰고 있습니다. 마음을 고스란히 담아내는 일기와 편지에는 그 펜이 없으면 안 되었죠. 그다지 도드라질 것 없는 나에게도 색을 통해 스스로를 표현할 수 있게 되었던 거예요. 친구들은 갈색의 글씨만 보아도 그게 나라는 것을 이내 알아챘습니다. 지금도 마음을 담을 때는 갈색 펜을 꺼내요. 그 빛깔로 글을 쓰면 고요하고 안온한 마음이 됩니다. 글자의 온기가 삶을 데웁니다. 글씨체가 동그래지는 만큼 내 삶도 동그랗게 되는 것 같아요. 그 따스함을 누군가에게도 건네고 싶어 자꾸만 갈색 펜에 손이 갑니다.

그러고 보니 내가 좋아하는 것들은 약댓빛을 띠고 있네요. 책을 품은 나무 서가는 보기만 해도 마음을 녹여주고요. 가던 길 잠시 멈추게 하는 커피의 브라운 향은 하루의 기운을 돋우어 주며 마음을 문장으로 풀어내게 합니다. 그래서 나의 첫 책 표지도 약댓빛이 되었나 봐요.

약댓빛 노을을 바라보는 것도 좋아합니다. 그래서였을까요. 슬플 때마다 노을을 바라보는 '어린 왕자'가 하루에 마흔네 번 일몰을 본 대목을 읽었을 때는 울컥 눈물이 차올랐습니다. 가을이 되면 갈색 코트를 입고 집을 나섭니다. 그러면 보호막을 두른 듯 따스해집니다. 괜스레 기분 좋은 웃음도 나지요. 갈색 옷 하나로도 삶이 미소 지을 수 있다니 어지간히도 이 빛깔을 좋아하나 봅니다.

그저 사랑할 수밖에 없는 가을은 만남부터 헤어짐까지 고운 빛으로 감탄을 자아냅니다. 가을의 풍요로움은 곧 맞이하게 될 비움의 순간을 품고 있기에 더욱 찬란합니다. 늦가을을 재촉하는 가을비도 좋아요. 눈부신 가을과 크리스마스의 분주함 사이에서 고요히 나뭇잎을 내리며 다음 해를 준비하는 11월도 애틋합니다.

갈색은 색채 심리학에서 땅과 자연을 의미한다고 해요. 안정감, 편안함, 소박함, 순수함, 정직함 등을 뜻하는 동시에 고독과 쓸쓸함, 엄격함, 중후함, 가난, 자기주장의 강함 등을 나타낸다고 하지요. 색에 담긴 심리를 살펴보니 맞는 것도 있고, 그렇지 않은 것도 있지만 삶을 톺아보는 재미가 쏠쏠합니다. 색으로 마음을 담아볼 생각을 하게 된 것도 이 빛깔 덕분이었으니, 어찌 사랑하지 않을 수 있을까요.

눈빛: 여름에 그리는 크리스마스

\# 눈의 빛깔과 같은 흰빛

 기다릴 때 더욱 설레는 것들이 있습니다. 어느 여름날 문득 소슬한 바람을 느낄 때면 무더위가 한창인 계절에도 크리스마스의 설렘으로 달뜨던 시절. 종교가 있는 것도 아니고 특별한 약속이 있는 것도 아니었지만 그저 좋았습니다. 10월의 마지막 날이면 촛불을 켜고 그리운 이에게 편지를 썼던 여고생 때부터 그랬던 것 같아요.
 그 후로도 오랫동안 8월에 그리는 크리스마스는 지친 여름을 잠시 쉬어가게 해 주었습니다. 불볕 세상에 찾아온 눈빛 평화. 그러다 보면 어느새 별빛으로 치장한 도시에는 전주만으로도 마음을 말랑거리게 하는 캐럴이 들려옵니다. 그 멜로디 사이로 크리스마스카드를 사러 가는 길은 건반 위를 걷는 듯했어요. 주머니 사정만큼이나 사람들을 어렵게 고르고, 한 사람씩 떠올리며 그의 결을 닮은 카드를 찾던 날. 고마운 사람들에게 한 자 한 자 꾹꾹 눌러 마음 실어 보내던 날은 또 얼마나 기쁘던지요. 빨간 우체통을 뒤로하고 돌아오던 길은 한 해의 마지막 나만의 따뜻한 의식 같은 시간이었습니다.

크리스마스만큼이나 첫눈 오는 날을 기다렸습니다. 첫눈 약속이 있는 해에는 하늘이 조금만 잿빛이 되어도 설렘 가득한 마음으로 창밖을 보고 또 보며 나갈 채비를 했어요. 나이 듦에 따라 각박한 생활에 치여 무감하게 여겨질 때도 있지만, 아이처럼 들뜨게 하는 첫눈은 1년을 열심히 살아온 내게 자연이 주는 예기치 않은 선물입니다. 내가 있는 일상의 순간을 마법처럼 빛나게 합니다.

함박눈이 아니어도 좋아요. 어둑해진 하늘에서 내리기 시작하는 포슬눈도 예쁘지요. 소중한 사람과 손잡고 아무도 밟지 않은 숫눈길 걷는 것을 사랑합니다. 걷다가 뒤돌아 나란히 찍혀 있는 발자국을 바라보면 마음이 몽글해집니다. 그러다 코끝이 빨갛게 되면 창 넓은 카페로 들어가 눈빛 풍경을 바라보며 마시는 커피는 삶의 온도를 데웁니다. 어른도 아이처럼 설레게 하는 첫눈. 살아갈수록 고된 생활에 치여 지나치게 되거나 되레 시린 마음을 받을 때도 있지만, 첫눈은 늘 찰나의 시간이나마 마음을 머물게 합니다.

가슴 뛰던 그 시절에는 여름 속을 걸으며 첫눈 오면 만나자는 약속을 했습니다. 흩날리는 첫눈을 보며 약속한 곳으로 뛰어가던 벅차오름, 때로는 지킬 수 없는 각자의 자리에서 마음 졸이는 낭만도 있었지요. 그렇게 마주한 인연과 나누던 반짝이는 웃음은 영화의 한 장면 같이 남아 있습니다.

세월이 흘러도 여전히 첫눈 오고 함박눈 내리면 보고 싶은 사람이 있습니다. 그 시절처럼 쿵쿵대는 마음으로 모든 걸 제치며 달려 나가지는 못해도, 일상의 자리에서 먼 하늘 바라보며 긴 숨을 쉬어갈 수 있습니다. 크리스마스는 여름에 꿈꾸는 것이 제맛입니다. 한겨울에 먹는 아이스크림처럼 말이에요.

여름빛: 봄에 그리는 여름 이야기

여름을 느낄 수 있는 경치나 분위기

봄을 좋아하지 않았습니다. 어릴 때부터 그랬어요. 새 학년이 시작되면 익숙한 사람과 풍경에서 멀어져야 했는데, 봄빛 세상은 야속하리만큼 찬란해서 시리기만 했습니다. 겨울보다 춥게 느껴지던 봄에게 미소 짓게 된 건 마흔이 넘은 어느 날이었어요. 살랑살랑 나무 타고 놀던 봄바람이 꽃향기를 한 아름 안고 와 인사하던 오후. 커다란 창문 밖에는 멀리 바다 조각이 보였습니다. 다채로운 봄의 색채는 동네 아이들의 재잘거림과 어우러져 눈부셨지요. 언제나 같은 모습이었을 텐데 처음으로 그 계절을 마음에 담았습니다.

올봄은 유난히도 깊은 자리를 내어주지 않네요. 봄꽃은 환한데 날은 아직 서늘함을 품고 있어요. 깊어지는 생에도 여전히 나아지지 않는 나의 삶과 닮았다는 생각이 듭니다. 밤이면 도톰한 겉옷을 입고 산책하는데 이러다 어느 날 갑자기 반팔을 찾게 될 것 같네요.

파랑에 취하는 날들이 찾아오겠지요. 작열하는 태양과 싱그러운 초록 잎 덕분에 여름의 푸른빛은 더욱 투명해질 거예요. 어느 날엔가 살을 태우는 듯한 햇볕 속에서 문득 바라본 여름 하늘의 청명함은 가을의 빛과는 또 다른 강렬함을 품고 있었습니다. 맹렬한 더위 속에서 하얗게 뻗어 오르는 구름, 그것과 대비되는 파란 하늘은 찬탄을 자아냈지요.

여름빛은 삶을 타오르게 합니다. 어려운 삶 속에서도 끝내 스스로의 길을 지켜가려는 강인한 생명력을 샘솟게 해요. 이틀 밤낮에 걸친 치열한 투쟁을 이겨낸 『노인과 바다』의 산티아고가 떠오르는 계절이기도 합니다. 성취의 환희는 너무나도 짧았고 이내 마주한 허무 속에서도 산티아고는 말해요. 인간은 패배하도록 창조된 게 아니라고, 인간은 파멸할 수 있을지 몰라도 패배할 수는 없다고 말이에요. 여름이면, 또한 삶에 고난이 찾아오면 더욱 힘내서 살아갔던 것도 그와 닮은 마음이었습니다. 그렇게 무더위를 견디고 생의 무게를 버티어 내면 그것만으로도 나를 안아주고 싶었으니까요.

여름빛은 청춘의 풋풋한 어느 여름도 떠오르게 합니다. 이제는 아련한 추억이 되었지만 파랑에 취하는 날이면 마음은 첫사랑과 함께한 그해 여름, 춘천 가는 기차에 오릅니다. 수줍은 소년 같은 미소로 한참을 망설이다가 매일 쓴 엽서와 조지 윈스턴의 『SUMMER』 앨범을 건네주었던 사람. 붉어진 볼과 어색한 행동에 건너편에 앉은 아이도 그를 보며 배시시 웃었지요. 어느새 그와 함께 나란히 30년의 길을 걷고 있습니다. 파란 폴로티가 잘 어울리던 그는 여전히 여름 같은 웃음으로 가을 같은 나를 웃게 하지요. 그늘이 조금 덜한 사람이 푹 젖은 그림자를 끌고 가는 사람을 위로하고 또 다른 날은 그와 반대로 도닥입니다.

 펑펑 울던 밤을 함께 나누었기에 아침을 맞이하며 병원을 나서던 길에서는 그가 더욱 특별해졌습니다. 아무도 모르는 그날의 아픔을 우리 둘은 말하지 않아도 알고 있으니까요. 아마도 다음 생이 있다면 다시 그와 우리 딸들을 내가 먼저 찾을 거예요. 어쩌면 이렇게 뭘 해도 안 될까 하는 날들이 가슴을 옥죄는 시간이지만, 봄에 그리는 여름 이야기로 조금은 환해지는 오후입니다.

가을빛: 11월

가을을 느낄 수 있는 경치나 분위기

11월은 내딛는 시선마다 시린 마음을 자아냅니다. 가을의 찬란함과 반짝이는 12월 사이에 놓여 더욱 쓸쓸해 보이지요. 바라보는 것만으로도 감탄을 부르던 가을 나무는 조금씩 앙상한 속살을 드러내며 겨울을 준비합니다. 스산한 바람 속 흩날리는 낙엽을 보며 한 해가 저물어가고 있음을 자각하기 시작하는 것도 11월이에요. 그래서인지 가을도 겨울도 아닌 계절의 정취가 헛헛하게 느껴집니다.

가을이 아닌 계절에는 가을빛을 닮은 색으로 마음의 위로를 받을 만큼 가을을 좋아합니다. 여름의 끝자락이면 바람이 싣고 오는 가을 내음에 첫눈을 보는 어린아이처럼 가슴이 뜁니다. 싱그러운 시작의 봄보다 무르익는 살아감의 가을 분위기를 좋아해서 가을이 되면 창밖만 바라보아도 힘이 나지요. 그래서 더욱 11월이 삭막하게 느껴졌나 봐요. 스러지는 가을이 벌써부터 그리워졌으니까요.

11월을 매력 없는 달이라고 생각했습니다. 그런데 어느 해부터인가 메마른 11월이 애틋해졌어요. 크리스마스의 설렘으로 달뜨는 계절 앞에서 얼마 남지 않은 11월의 날들이 애처로웠습니다. 그제야 알았습니다. 11월은 주목받지 못하지만 묵묵히 제 길을 걷고 있는 사람을 닮았다는 것을 말이에요. 그 어려운 걸음 하나하나 잠연히 이어가는 마음을 안아주고 싶습니다.

갈수록 짧아지는 계절이 못내 아쉬웠는데 올해는 11월에도 가을빛에 취할 수 있었습니다. 높은 기온에 염려했던 단풍빛은 여전히 고왔고, 늦게 찾아왔기에 더 깊이 가을에 빠질 수 있었어요. 덕분에 팍팍한 살아감이 견딜 만했습니다. 그럼에도 불구하고 눈부신 은행나무 길 한 번 걷지 못했다는 걸 깨달았어요. 무엇이 그리 바쁜지 일상의 풍경만을 바라보며 살아가고 있었던 거예요.

멀리 떠나지는 못해도 도시의 마지막 늦가을을 담으며 인사하고 싶었습니다. 경의선 숲길의 작은 철길이나 가을 고궁도 떠올랐는데 올해는 길상사를 시작으로 북촌과 삼청동의 거리를 거닐었습니다. 가을의 길상사를 담은 브런치 글벗 작가님의 글 덕분이지요. 아직 가을이 머물러 있는 길상사는 여느 때와 다름없이 고즈넉해서 좋았어요. 진영각에서 마주한 법정 스님의 낡은 승복과 빈 의자 앞에서는 부끄러운 마음이 들어 고개를 숙이기도 했습니다. 주말 아침 홀연히 떠났던 나들이 덕분에 늦가을의 여운을 깊이 느낄 수 있었습니다. 소중한 사람이 함께했기에 모든 순간이 빛났고요. 다가오는 긴 겨울을 무탈하게 지나기 위해 가을빛을 가득 충전해 두었습니다.

겨울빛: 12월

겨울을 느낄 수 있는 경치나 분위기

12월의 겨울빛은 별을 품고 있습니다. 그런데 크리스마스가 지나면 하루 만에 거리의 풍경이 사뭇 다르게 느껴지지요. 별다른 일 없어도 괜스레 설렘을 주던 상점의 장식들은 여전한데 왠지 그 빛은 색을 잃은 듯하고요. 북적이던 축제 후의 텅 빈 허함이 거리 곳곳에 묻어납니다. 또다시 빠르게 지나버린 한 해에 대한 상념들이 겨울바람을 타고 빈 가슴 깊이 파고듭니다. 어떤 것은 그 존재만으로도 힘을 불어넣어 주는데 크리스마스가 그런 것 같아요. 짙어지는 연말의 헛헛함 속에서 아쉬움과 쓸쓸함에 젖어 있지 않게 하려고 선물처럼 크리스마스가 있는 게 아닐까요. 종교는 없어도 누군가를 생각하며 무언가를 준비하거나, 좋아하는 영화 한 편 보면서 기적을 꿈꿔 볼 수 있는 하루는 각박한 세상살이에서 누릴 수 있는 고마운 시간입니다.

새로운 카페를 찾다가 얼마 전 맛보았던 커피 맛집이 가까이 있다는 걸 알게 되었어요. 별다른 기대 없이 체인점이 주는 기계적인 느낌을 상상하며 갔는데 자그마한 갈빛 카페는 외관부터 마음을 빼앗았고 아늑한 인테리어는 커피맛을 더욱 깊게 해 주었습니다. 그래도 쉽사리 최애 카페 자리는 내어줄 수 없지만, 글쓰기 좋은 음악까지 흘러나오니 두 번째로 좋은 곳이 될지도 모른다는 생각이 들었어요.

다른 주제의 글을 쓰려고 들어온 카페가 크리스마스를 불러왔습니다. 크리스마스트리와 소품으로 겨울빛 단장을 한 카페에 캐럴이 가득 차 있었으니까요. 창밖은 강풍에 매서운 추위가 몰려오며 첫눈 예보에 대한 기대감을 돋우어 주고 있네요. 한 주의 첫 이틀은 가장 고됩니다. 체력이 예전 같지 않아 같은 상황에서도 퇴근 후 밤이면 녹초가 되어 한참을 멍하니 소파에 앉아 있게 돼요. 그래서 꼭 하루쯤은 출근 전 잠시 카페에서 좋아하는 커피로 기운을 불어넣습니다. 어김없이 이어질 힘겨운 하루를 위해 토닥임으로 시작하는 거지요. 그러면 출근길이 조금은 가벼워집니다.

트리 옆에 앉은 꼬마 숙녀가 머리띠를 매만져 주는 엄마에게 예쁜 미소를 짓습니다. 그 모습을 담는 엄마의 뒷모습과 아이를 번갈아 바라보다가 두 딸의 어린 시절이 떠올랐어요. 이른 새벽 기쁨이와 장군이는 둘 중 누군가 먼저 깨면 산타가 왔다고 소리치며, 잠들어 있는 다른 아이를 깨워 산타의 선물을 보기 위해 달려갔습니다. 그때 찍은 것 중 지금도 참 좋아하는 두 장의 사진이 있어요. 그중 하나는 깊은 새벽, 강아지 인형 퍼피를 안고 볼을 비비던 기쁨이의 모습이 담겨 있고, 또 다른 하나는 장난감 화장대를 열고 입술을 한껏 내밀며 립스틱을 바르던 장군이의 사진이지요. 오래도록 선명하게 남아있는 행복한 추억이기도 합니다.

그런가 하면 크리스마스 때 커다란 미션을 비밀리에 수행했던 우리들의 모습도 생각납니다. 어느 해인가는 동화책에서 산타에게 간식과 편지를 놓아두는 걸 보더니 장군이가 산타에게 편지를 쓰는 거예요. 아무리 어려도 글씨체를 꼼꼼하게 비교할 게 분명해 남편은 컴퓨터로 출력하자는 아이디어를 생각해냈는데 쉽지는 않았어요. 딸이 남겨둔 편지지의 작은 공간에 담을 답장을 만들어내기 위해 몇 번이고 수정해 출력해야 했으니까요. 그 무렵 아이들이 산타의 존재에 대한 의문을 조금씩 느끼고 있었던 터라, 어쩌면 그것은 일종의 테스트 같았어요. 다음 날 아침 아이들은 "거봐, 산타는 진짜 있어!"라는 듯한 표정을 지었습니다.

그래요. 산타는 있어요. 지금도 그렇게 믿고 싶습니다. 다만 그 믿음이 믿고 싶다는 것으로 바뀌어 다시는 그날의 기쁨을 가질 수 없게 되었을 뿐이지요. 내게는 아직도 엄마에게 묻지 않는, 어린 시절 크리스마스에 대한 추억이 있습니다. 크리스마스를 앞둔 밤에는 잠이 오지 않잖아요. 그날도 빨리 자지 않으면 산타가 지나가 버린다는 엄마의 말에, 억지로 눈을 감고 잠을 자려다가 갑자기 갖고 싶은 선물을 바꾸어 기도했어요. 24시간 편의점도 없던 시절이었는데 소원은 이른 아침에 이루어졌고요. 그 기적 같은 순간은 소중하게 간직되어 산타에 대한 믿음으로 자리했습니다. 인생에서 때로는 동화처럼 믿고 싶은 순간이 하나쯤 있어야 하니까요. 어려운 시절 산타와의 추억을 만들어준 엄마와 아빠에게 고맙습니다. 덕분에 내 딸들에게도 그 사랑을 나누어 줄 수 있었네요.

특별한 것 없는 하루가 되어도 괜찮아요. 반짝이는 것들만 보아도 동동거리는 마음. 별이 내려앉은 듯한 풍경의 거리를 걸으며 두근거림의 순간을 누릴 수 있다는 것만으로도 12월의 겨울빛은 눈부십니다.

감은빛: 기차를 타면

석탄의 빛깔과 같이 다소 밝고 짙은 빛

기차는 기다리는 순간부터 설렘입니다. 멀미가 심했던 어릴 때는 유일하게 좋아하는 교통수단이었어요. 차를 타면 속 울렁임으로 하지 못했던 일들을 기차에서만큼은 자유롭게 할 수 있었으니까요. 처음 타게 된 기차는 책에서 보던 것과는 달랐지만, 삶은 달걀도 맛있게 먹을 수 있고 잠시 정차한 역에서 먹는 가락국수도 꿀맛이었습니다. 지금 생각해 보면 별다를 것 없는 레시피였는데 그때 먹던 가락국수만큼 맛있는 건 없는 것 같아요. 차창 밖으로 흘러가는 풍경도 좋았습니다. 그림 같은 자연과 동네가 들려주는 수많은 이야기를 바라보다 까무룩 잠이 드는 것도요.

기차 하면 뭐니 뭐니 해도 낭만 가득한 증기기관차가 제일 좋습니다. 탄수차에 석탄을 싣고 달리는 감은빛 증기기관차는 엔진 소리와 뿜어내는 연기까지 두근거림을 줍니다. 그러다 보니 증기기관차가 나오는 그림책 보기를 좋아했어요. 객차에 탄 아이들과 동물들의 미소만 보아도 덩달아 기분이 좋아졌으니까요. 그렇게 먼 곳으로의 기차 여행을 꿈꾸었습니다.

터울이 많은 동생들 덕분에 레일 위를 달리는 기차 장난감으로 상상 속 기차 여행을 떠나기도 했습니다. 정성껏 철길을 조립한 후 시작 버튼을 누르면 빙글빙글 도는 기차를 바라보는 것만으로도 신났어요. 마법처럼 거실은 근사한 여행지가 되었습니다. 기차 모양의 연필깎이를 처음 갖게 되었을 때는 또 얼마나 좋았는지 몰라요. 그 시절에 은빛 연필깎이를 갖는 건 아이들에게 영광이었으니까요.

끝을 알 수 없을 것 같은 철길 앞에서 기다란 기차가 다가오는 것만 보아도 가슴이 두근두근합니다. 기차는 어느 때이고 갑자기 환상의 세계로 데려다줄 것만 같습니다. 이런 생각은 많은 이들의 상상 속에 자리하고 있나 봐요. 다수의 문학 작품과 대중 매체에서 기차는 판타지 세계로 가는 매개체가 되어 주었습니다. 애니메이션 『은하철도 999』는 주말 아침 TV 앞에 앉아 있는 어린이 시청자들을 신비한 우주 속으로 데려갔어요. 어른이 된 후에도 영화 『비포 선라이즈』처럼 기차 여행에서 만나는 사랑을 꿈꾸게 했지요. 『해리포터』 덕분에 킹스크로스역의 9와 3/4 승강장 앞에는 여전히 많은 이들이 사진을 찍기 위해 줄을 서고 있습니다.

그중에서도 애니메이션 『폴라 익스프레스』가 마음 깊이 남아있습니다. 딸들과 처음 함께 보며 얼마나 설렜는지 몰라요. 그 후로도 보고 또 보았는데 어쩌면 아이들보다 더 좋아했는지도 모릅니다.

북극행 특급 열차와 크리스마스라니! 게다가 하얀 눈 가득 쌓인 산타 마을에서 벌어지는 모험이라니, 좋아하는 것들로만 가득 찬 최고의 영화였습니다.

"기차가 어디로 가는지는 중요하지 않아.
중요한 건 그 기차에 올라타겠다고 결심하는 거지!"

폴라익스프레스 차장의 말이 나를 향하는 듯합니다. 나란히 놓인 레일만 보아도 마음이 쿵 내려앉고, 빈 철길 따라 걷기를 좋아해요. 기차역이라는 단어를 발음하는 것만으로도 어린이의 마음이 되고요. 혼자만의 기차 여행을 소망했고 정동진까지 가는 기차도 타고 싶었습니다. 그런데 정작 어른이 된 후 기차 여행은 단 세 번뿐이었네요. 무엇 때문에 올라타겠다는 결심을 유예하게 된 것일까요.
언젠가 유럽 기차를 타겠다는 바람은 꼭 이루고 싶습니다. 창밖을 수놓는 초록 경관과 바다 풍경, 그리고 새하얀 눈 내리는 경치까지 모두 좋아요. 한참을 달리고 또 달리며 도란도란 이야기하고, 향기로운 커피를 마시며 책을 읽다가 글을 쓸 수 있다면 얼마나 행복할까요.

5장 떠올리다

복숭앗빛: 맑았던 시절

복숭아의 빛깔과 같은 연한 분홍빛

작은 일에도 환하게 웃는 아이들. 시무룩하던 제자의 얼굴이 달콤한 젤리 하나에 해처럼 밝아지고 퀴즈 한 문제에 환호하는 것을 보면 덩달아 기분이 좋아집니다. 까르르 웃는 어떤 아이의 얼굴은 복숭앗빛처럼 고와서 떠난 후에도 잔상이 마음을 맴돌지요.

맑았던 시절을 떠올리면 '너랑나랑별랑'이 생각나요. 단짝 친구와 함께 밤하늘에서 유난히 빛나는 별을 본 날이었지요. 정말 예쁘다며 서로 자신의 별로 삼겠다고 하다가 이내 우리는 우리만의 별이라 하며 '너랑 나랑 별이랑'이라는 의미의 이름도 붙여 주었어요. 그 별을 볼 때마다 서로를 생각하자고도 했고요. 그 후 일기장의 이름도 '별랑'이 되었고 미주알고주알 별랑이에게 보내는 편지로 그날의 일들을 담았습니다.

엄청나게 많은 눈이 서울에 내린 해가 있었어요. 친구와 나는 집

앞 골목에 이글루를 만들겠다며 저녁이 되도록 신나게 눈벽돌을 만들어 집을 지었습니다. 날이 어두워져 둥근 천장까지는 만들지 못했지만 그래도 제법 높은 담을 쌓아 뿌듯했지요. 우리의 아지트는 다음 날 사르르 녹아버렸지만 언젠가 다시 눈이 많이 오면 그때는 꼭 이글루를 완성하자고 약속했습니다. 친구가 이사하지 않았다면 진짜 이글루를 만들어냈을까요. 입김을 호호 불며 추운 줄도 모르고 웃어대던 그 겨울밤은 세상없이 행복했네요.

입시를 향한 내달림으로 젊음을 묶어둘 수밖에 없었던 학창 시절의 잊을 수 없는 일탈도 떠오릅니다. 지금 생각해 보면 호기롭게 도서관을 나오며 결심한 것에 비해 너무나도 소심해 웃음이 나오지만, 당시 나로서는 홀로 깊이 간직하고 싶은 오후의 자유였어요.

아마도 그 당시 버킷리스트 중 하나였을 거예요. 눈에 띄는 버스를 타고 한 번도 가보지 않은 곳까지 가다가 마음이 멈추는 곳에서 내리는 것. 나름 무척 많이 가서 내렸다고 생각했는데 훗날 돌이켜 보니 집에서 버스로 30분도 되지 않는 가까운 곳이었지요. 하지만 무거운 가방을 짊어진 고3에게는 나름 모험의 길이었습니다.

시골의 작은 초등학교 선생님이 되고 싶었던 단발머리 여고생은 버스에서 내린 후 한 초등학교 길 안내판을 보고 걷기 시작했습니다. 그 길에서 한 소녀를 만났고 길을 물어보던 내게 그 아이는 기꺼이 꼬마 안내자가 되어 주었어요. 소녀의 학교에서 우리는 함께 따스한 오후를 나누었습니다. 가수가 되고 싶다던 소녀는 「옹달샘」

이라는 노래를 제일 좋아한다고 했어요. 우리는 수업이 끝난 후의 한가로운 운동장 스탠드 계단에 앉아 같이 노래도 부르고, 학교 이 곳저곳을 돌며 즐거운 시간을 보냈지요. 평소 내향적인 나는 아이들 앞에서만큼은 재미있는 이야기꾼이 되곤 했는데, 그날도 내 이야기 덕분에 방글방글 웃는 소녀와 함께 있다 보니 어느새 하늘이 저녁으로 물들었습니다.

 길지 않은 만남이었지만 헤어지며 뒤돌아 가는 걸음이 쉽지 않았던 날이었습니다. 복숭앗빛 볼의 소녀는 지금 어떤 어른이 되어 삶의 길을 걸어가고 있을까요. 어린 시절 만났던 고등학생 언니를 아이도 기억하고 있을까요. 그날 내가 어떤 이유로 흔들렸는지는 기억나지 않습니다. 다만 텅 빈 운동장 햇살 사이 폴폴 날아다니던 흙먼지와 소녀의 맑은 웃음소리만이 아련한 색으로 남아 있지요.

 소녀와의 시간은 마음이 시릴 때면 한참을 바라보던 하늘과 함께 삶에 위로가 되어 주었어요. 휴대폰도 없던 시절, 달랑 이름 하나만 주고받으며 헤어져야 했는데, 그 아이를 잊지 않고 싶어서 그날의 오후를 동화로 남겼습니다. 소녀의 마음과 가족을 상상해 보며 스무 살에 썼던 「하늘바라기」. 오래도록 서랍에 묻혀있던 단편 동화는 강산이 두 번 바뀐 후에야 세상의 빛을 보며 등단의 길을 열어주었네요. 그 후로 3년. 서랍 속 잠들어 있는 인물들에게 빚을 지고 있습니다.

푸른빛: 청춘

맑은 가을 하늘이나 깊은 바다,
 풀의 빛깔과 같이 맑고 선명한 빛

통기타의 선율은 청춘을 불러옵니다. 포크밴드 동물원과 김광석의 노래는 설렘과 두려움, 풋풋함과 아픔으로 심장이 고동치던 시절을 떠오르게 하지요. 지하철을 오가며 혹은 늦은 밤까지 얼마나 반복해 들었던지 카세트테이프의 필름이 늘어져 속상했던 적도 많았어요. 그러면 소리가 느리게 재생되는데 소중한 사람이 녹음해 준 테이프를 되살리기 위해 냉동실에 넣어두었던 기억도 새록새록 하네요.

소극장 콘서트를 그때만큼 좋아하고 자주 갔던 적도 없습니다. 모두 그들의 노래였고요. 차분한 어조의 말과 담백한 노래들은 잠언처럼 청춘에 스며들었습니다. 시작만으로도 마음을 일렁이게 하는 기타와 하모니카. 그 속에 담긴 나의 이야기 같던 노래들. 조금 먼저 어른의 길을 걷고 있던 그들의 청춘을 보며 배우고, 사람답게 살아갈 용기를 얻었지요.

첫아이를 가져 배가 산처럼 불러왔을 때도 소극장의 작은 의자에서 콩콩거리는 기쁨이의 태동을 느끼며 크리스마스이브를 보냈습니다. 늦은 시각 공연장을 나오는데 함박눈이 펑펑 내리고 있었어요. 차가 끊겨 눈이 수북이 쌓인 새하얀 도로에서 택시 잡느라 애쓰면서도 남편의 손을 잡고 음악의 여운에 취해 마냥 좋았던 추억도 있습니다.

몇 년 전에는 책장을 정리하다 대학 시절 동아리 문집을 발견했습니다. 동아리 방에는 '날적이'가 있었는데, 그 노트에 우리는 자유롭게 글을 남기곤 했지요. 대부분은 짧은 메모였지만 누군가는 자작 시나 일기 같은 글을 적어두기도 했어요. 그것으로 만든 문집들을 보관하고 있었는데 그중 '10년 후의 내 모습은?'이라는 앙케트가 실려 있는 것을 보게 되었어요. 몇십 년 만에 이름만으로도 반가운 선후배의 글을 보니 기억 저편의 그들이 시공간을 넘어 찾아와 준 듯했습니다. 빙그레 미소 지으며 함께한 청춘을 떠올리다가 낯익은 필체도 발견했고요.

"나를 잃지 않고 살아갔음……."

장난스레 적힌 많은 글 가운데 스무 살의 나를 만난 것입니다. 미소를 자아내는 위트 있는 글 사이 섬처럼 떠 있는 진지함에 웃음이 났어요. 오글거리기도 하고 말이에요. 찬찬히 떠올려 보니 이십 대에도 나는 무언가 눈에 보이는 성취가 아닌, 나를 잃지 않고 살아가는 삶을 꿈꾸었네요. 그 막연한 바람을 위해 어떻게 살아가는 것이 나의 가슴을 뛰게 만드는지 고민했고, 인생의 선택에 있어서도 그것이 항상 우선순위가 되었습니다. 지금의 나는 그런 삶을 살아가고 있을까요. 스무 살의 내가 묻는 것 같습니다.

  시시때때로 삶의 고난은 거대한 폭풍처럼 몰려와 인생을 사정없이 쥐고 흔들지만, 그럼에도 불구하고 그 시절의 빛깔과 닮은 모습으로 살아가려 애면글면하고 있습니다. 살아내려 하다 보니 어느새 몸과 마음은 가을빛을 맞이하게 되었네요. 익숙한 공간과 생활을 떠나고 싶으면서도 일상의 패턴을 벗어나는 것에 대해 두려워지기 시작했고요. 그래도 다행입니다. 오랫동안 마음에 담고 이리저리 가늠하다 힘을 잃은 꿈의 날개를 다시 일으켜 세웠으니까요. 가냘프진 날개가 마른 잎처럼 떨어져 흩어지기 전에 깨어나게 되어 고마울 따름입니다. 물질적인 건 덜 가져도 귀하고 소중한 것을 위해 삶을 내어주고 있는 나를 안아주고 싶네요.

  사랑과 도전에 대한 쓰라림으로 방황하던 그 시절이, 불확실한 미래를 향한 동질감 속에서 함께 울고 웃을 수 있었던 푸른빛 청춘이 그리워집니다. 청춘 예찬만큼 나이 듦도 찬미하지만, 세월이 흘러감에 따라 필요에 의해 관계를 나누고 정리하는 일이 보편화되고 있어 서글퍼지기도 하네요. 문득 시절 인연들의 안부가 궁금해지며 그들의 삶이 무탈하기를 빌어 봅니다.

흙빛: 말보다 눈물이

푸른빛을 약간 띤 검은빛으로 흔히
　어둡고 경직된 표정이나 얼굴빛을 비유

　말보다 눈물이 먼저 나오던 아이였습니다. 갈등이 생기는 것보다 안으로 말을 삼키는 게 편했으니까요. 겁 많던 울보는 어느 순간부터는 울면 안 된다는 것을 알았기에 자리를 피하게 되었습니다. 누군가를 향한 시위나 나를 알아달라는 몸짓이 아니었어요. 그저 눈물이 나오기 전에 자리를 떠난 것이지요. 그렇게 혼자서 소리 없이 한참을 울었습니다.
　그런데 고등학교 시절에 그만 반 아이들 앞에서 울음이 터져버린 적이 있습니다. 체육 시간이었어요. 그날은 강당에서 뜀틀 수업을 했지요. 도대체 왜 그 높은 뜀틀을 뛰어넘어야 하는지 이해할 수 없었습니다. 뜀틀을 넘는 것과 어른이 되는 것은 어떤 관계가 있을지, 그것을 잘 넘으면 건강해지는 건지……. 아무튼 차례가 다가오자 얼굴은 점점 흙빛이 되었어요. 게다가 넘다가 걸려서 위험하게 넘어지는 아이들을 보는데 두려움은 이미 한계를 넘어섰지요. 사색이 완연한 얼굴로 겨우 뛰어가서는 구름판 앞에서 멈추었습니다. 다시 도움닫기를 하러 가야 하는데 발이 땅에 붙은 듯 움직일 수 없었고, 그저 눈물이 하염없이 흘렀습니다. 선생님도 당황하셨지만, 도저히 못 하겠다는 말을 겨우 내뱉은 나를 채근하지는 않으셨어요. 그때는 부끄럽지도 않았습니다. 뜀틀만 하지 않을 수 있다면 그 어떤 것도 할 수 있었으니까요. 그런 나를 놀리기는커녕 위로해 주던 따뜻한 친구들이 고마워집니다.

체육은 제일 싫어하는 과목이었습니다. 왜 아이를 공으로 때리고 피해야 하는지 모를 피구도 좋아하지 않았어요. 그런데도 제일 마지막까지 남아있던 적이 많았던 건 순전히 공이 무서워 필사적으로 도망쳤기 때문이지요. 체육 수업이 있는 날이면 비가 와서 이론 수업 하기를 바랐어요. 그러니 달리기를 잘할 리도 없었지요. 연습 때도 운동회 날도 거의 꼴찌에서 맴돌았습니다.

그런 내게 잊지 못할 운동회가 있습니다. 달리기에서 처음으로 3등을 했으니까요. 하지만 그것은 오로지 나만 아는 일이 되어버렸습니다. 3등까지는 팔목에 순위 도장을 찍어 주는데, 한 번도 그것을 받아 본 적이 없던 나는 3등을 한 기쁨에 벅차서 도장도 찍지 않고 엄마에게로 달려갔어요. 그런데 안타깝게도 엄마는 그 순간을 보지 못하셨고 다시 도장을 받으러 갔더니 이미 순서가 지나서 찍어 줄 수 없다고 하더라고요. 팔목 도장을 유일하게 받을 수 있었던 날이었는데 그날의 영광은 그렇게 허무하게 끝이 났답니다.

중학교 때는 체력장 연습을 해야 했어요. 당시에는 고교 진학을 위해 연합고사 180점과 체력장 20점을 더해 200점 만점으로 환산했기 때문이에요. 체력장은 그냥 만점을 받고 들어가는 항목이었는데, 반에서 한두 명 정도 나오는 비만점자 중의 한 명이 바로 나였습니다. 그때는 체육 선생님께 야단맞았던 기억도 있습니다. 그러다 보니 체육에 대한 부정적인 감정은 더욱 커졌고, 고교 시절에도 매달리기에서 1초 만에 떨어지는 등 내 모습이 부끄러워 더욱 소극적인 모습을 보였습니다.

뜀틀을 잘했더라면, 체력장에서 만점을 받았다면 지금의 인생은 달라졌을까요. 설령 그렇지 않더라도 괜찮아요. 다시 돌아가더라도 안 할 수만 있다면 또다시 울 거예요. 체육이 싫은 사람도 있으니까요. 체육 시간이 되면 마음이 흙빛으로 되는 사람. 그게 나니까요.

연둣빛: 시작하는 마음

완두콩 빛깔과 같이 연한 초록빛

   싱그러운 연초록의 향연에 눈이 부신 계절입니다. 언젠가부터 마음에 담기는 빛깔. 마르고 단단한 대지 위에 살며시 고개 내밀며 봄 인사 하는 연둣빛 풀잎들. 여름을 부르는 갈맷빛 나뭇잎들의 합창. 다채로운 색채의 꽃도 좋아하지만, 아기처럼 풋풋한 초록 잎들은 살아감에 기운을 북돋아 줍니다. 다시 봄이 되었다고, 올해의 처음이자 마지막 여름을 맞이하며 소중히 살아가라고 안아주는 듯합니다.
   연둣빛은 '새싹이 파랗게 돋아나는 봄철'이라는 청춘을 닮았습니다. 불안한 미래에 흔들리기도 하지만 작은 일 하나에도 달뜨고 순수한 마음으로 가까워질 수 있던 시절을 떠오르게 합니다. 어느새 대학생이 된 딸들의 학교에 가면 괜스레 가슴이 뜨거워지며 아이처럼 설렙니다. 수수하고 가벼운 옷차림만으로도 더없이 눈부신 젊음이 옛 추억을 자아냅니다. 그 시절 영원히 나눌 수 있을 것 같던 관계는 시절 인연이 되었지만, 같은 고민과 경험을 공유했던 그들과의 추억은 여전히 아름다운 페이지로 남아 있습니다.

연둣빛은 시작하는 마음을 닮았습니다. 누군가와 처음으로 닿는 인연. 새로운 일을 시작하는 마음. 낯설지만 두근거림을 주는 곳으로의 여행처럼 푸릇한 마음입니다. 반복되는 일상에 그 모든 것의 처음을 잊고 살아가게 되지만 초록의 빛깔이 문득 첫 마음을 일깨웁니다.

하늘에 닿은 연둣빛 나뭇잎들은 새봄 같은 아이들을 닮았습니다. 작은 일에도 앙글방글하는 아기들을 보면 나도 모르게 미소를 짓게 됩니다. 큰딸 기쁨이의 첫걸음은 가족에게 큰 힘이 되었습니다. 쉰이라는 이른 나이에 아빠를 떠나보내신 후 무너져 내린, 지금의 나보다 어린 엄마는 첫 손녀의 걸음마에 잃었던 환한 웃음을 보이셨습니다. 막내딸 장군이의 배밀이는 또 얼마나 커다란 웃음을 주었는지 몰라요. 아이들의 처음을 응원하며 어려운 시절을 함께 견뎌낸 것이지요. 아이들은 그 존재만으로도 가족의 푸르른 희망이었습니다.

창밖을 보니 나무들이 연둣빛 휘파람을 바람에 실려 보내줍니다. 어지럽게 흔들리던 마음이 싱그러움으로 물듭니다. 하염없이 바라보다 시작하는 마음을 다시 그려봅니다.

수박빛: 시절 인연

수박빛: 수박 껍질의 빛깔과 같이 짙은 초록빛

시절 인연이 될 줄 몰랐습니다. 무언가 커다란 틀어짐이 있었던 것도 아니에요. 물리적 거리가 멀어지면서 세월에 따라 그리된 것이지요. 졸업이나 이사 등으로 드문드문 연락이 이어지다 어느새 제법 긴 시간의 공백이 생겼음을 깨닫게 됩니다. 아마도 누군가의 노력이 필요했을 거예요. 먼저 다가가는 마음 말이에요. 그렇게 망설이는 사이 또다시 일상에 치여 살아가다 보면 긴 시간이 흐르고 맙니다.

시절 인연이 늘어간다는 것은 삶이 그만큼 긴 세월을 얹고 있음을 의미합니다. 동기 사랑, 나라 사랑을 외치던 대학 시절에는 그 순간들이 빛바랜 추억으로 남으리라는 걸 몰랐어요. 소중했던 인연들이 모두 그러했지요. 새 휴대폰에 저장할 연락처를 고르다가 생각합니다. 나도 그런 사람이 될 수 있겠다고요. 누군가의 연락처에서 지워진다는 건 슬픈 일입니다. 마음의 자리가 작지 않았다면 끝내 놓지 않았겠지요. 서로가 없이도 살아갈 수 있음을 알게 되어 더 이상 깊은 노력을 하지 않는 걸까요. 놓을 수밖에 없는 경우도 있지만, 느슨해진 관계의 끈이 멀어지는 것을 느끼면 공허해집니다. 그러다 보니 새로운 인연에 대해서도 마음 열기가 쉽지 않아졌습니다.

한여름 수박빛처럼 짙은 추억으로 자리매김한 시절 인연은 마음 사진첩에 고이 간직되어 있습니다. 터울이 많은 동생들이 있고 사촌이나 지인 중에서도 제일 나이가 많았기에 동생들을 대하는 게 더 편했어요. 그러다 보니 1살 많은 대학 선배에게 생신이 언제냐고 물을 만큼 선배 대하는 게 어려웠습니다. 하지만 후배들은 편했어요. 따뜻한 후배들과의 소중한 인연도 갖게 되었지요. 대학 시절 자주 편지를 주고받았던 후배와는 먼 훗날에도 인연이 이어지리라 생각했습니다. 또 다른 후배는 어엿한 두 아이의 아빠가 된 후에도 간간이 소식을 나누었는데, 어느 해인가는 자동차 주행거리의 숫자가 내 생일과 같다며 축하 메시지를 보내주어 뭉클하게 했습니다. 결혼 후 아이들이 어렸을 때까지는 키즈 카페에서 만나기도 했던 후배는 만남의 긴 공백에도 불구하고 내 첫 책을 축하해 주어서 고마웠네요.

살다 보면 시절 인연이 된 줄 알았던 관계가 다시 이어지는 때가 찾아올까요. 누군가 용기 내어 마음을 두드린다면 관계의 문이 다시 열릴 수도 있으니까요. 아직 그만큼은 살아보지 않아서 앞으로 어떻게 될지는 모르겠습니다. 누군가의 마음이 깊고 상대의 마음도 그를 향해 있다면 인연은 다시 흐르게 될 수도 있겠지만 그런 일은 무척 어려울 거라 생각합니다.

물론 수박빛으로 자리한 시절 인연은 다시 마주해도 더없이 기쁠 거예요. 하지만 함께 나눈 시절이 과거에 멈춰 있다면 그 이후의 삶에 대해서는 서로 마음을 나누기가 조심스럽습니다. 오랜만에 만나 반가움을 나누며 다음에 또 만나자고 하면서도 그것은 다시 먼 훗날이 되기도 하니까요.

한때의 인연이라고 여기기에 마음 아픈 관계도 있습니다. 먼저 다가가지 못하는 이유가 무엇일지 생각해 보다 알았어요. 깊은 노력을 들이기에 생이 너무 무겁고, 그럼에도 불구하고 내 시간을 내어주기에는 서운함이나 상처가 있기 때문이지요. 그것은 남은 생에서 지난 인연으로 자리할 것입니다. 모든 인연에는 시기와 흐름이 있다는 법정 스님의 말씀이 너무나도 깊이 와닿는 생의 계절입니다.

꽈릿빛: 쌀강아지 선생님

\# 잘 익은 꽈리의 빛깔같이 노란빛을 띤 주황빛

"선생님, 밖에 민우가 서 있어요."
"민우가?"
방과후학교 1분기 첫 수업 시간, 한참 동안 수업하고 있는데 화장실에 다녀온 여자아이가 말했어요. 나는 결석생 민우가 복도에 있다는 말에 얼른 밖으로 나가 보았습니다. 새하얀 우윳빛 피부에 사슴 같은 눈망울의 소년. 무척이나 내성적으로 보이는 아이라서 지각 후 들어올 용기가 나지 않았을 거라는 생각에 반갑게 말을 건넸지요.
"네가 민우니? 1학년이라 반을 잘 몰랐나 보구나. 어서 들어오렴."
하지만 민우는 발이 바닥에 붙은 듯 좀처럼 움직이려 하지 않았어요.
"괜찮아, 민우야. 같이 들어가자."

그때 지나가던 한 선생님이 다가오더니 나를 복도 한쪽으로 데려간 후 작은 목소리로 말했습니다. 자신은 민우의 1학년 담임인데 민우는 입학 후 한 달이 넘도록 말하지 않는 아이라고 했어요. 집에서는 말을 잘하는데 무엇 때문인지 학교에서는 친구들이 어떤 말을 해도 한마디도 하지 않는다는 거였지요. 게다가 등교해 자리에 앉는 데도 1시간이 넘게 걸린다고 했습니다. 순간 가슴이 쿵 하고 내려앉았어요. 자유롭게 이야기하며 마음을 글로 풀어놓는 수업에 말 한마디 하지 않는 1학년이라니…….

선생님이 떠난 후 민우의 손을 살며시 잡고 미소로 여러 번 이야기하자 민우는 한 걸음 한 걸음 천천히 발을 떼며 교실 안으로 들어갔습니다.

"민우야, 여기 앉으렴. 이건 앞으로 배울 교재와 부모님께 드리는 안내장이야."

하지만 담임선생님의 말처럼 민우는 자리에 앉지 않았고 반 아이들은 모두 나와 민우만 쳐다보고 있었습니다. 나는 민우의 머리를 부드럽게 어루만지고 등을 토닥이며 말했어요.

"와, 우리 민우, 가까이에서 보니까 정말 잘 생겼네. 민우는 여기 앉아서 선생님과 함께 공부 잘할 수 있지?"

사실 기대는 하지 않았습니다. 반에서도 자리에 앉는 데 1시간이 넘게 걸린다는데, 이렇게 해도 안 되면 우선 기다리는 아이들을 위해 수업부터 할 요량이었지요. 그런데 놀랍게도 민우는 자리에 앉았습니다. 그것에 힘입어 더욱 밝은 목소리로 민우에게 말했습니다.

"역시 우리 민우는 잘할 줄 알았다니까."

그러자 민우는 볼이 빨개지며 피식 웃었습니다.

수업이 끝난 후 민우 어머니에게 전화했습니다. 민우가 얼마큼 한글을 깨쳤는지, 집이나 다른 곳에서는 말을 잘하는지 알아야 앞으로 어떻게 가르칠지 고민해 볼 수 있으니까요. 민우의 어머니는 어렵게 말씀을 이어가셨습니다.

"선생님, 죄송해요. 많이 힘드시게 해서요. 민우는 낯가림이 심한 편이에요. 하지만 친해지면 아주 말도 잘하고 장난도 제법 쳐요. 사실 학교에 보내며 많이 걱정했는데 친구들과도 담임선생님과도 전혀 말을 하지 않는다고 해서 매일 기도하고 있어요. 민우가 달라지기를요……. 논술 수업에서 글 쓰는 것을 배워 오지 않아도 돼요. 아무것도 안 하고 앉아만 있어도 이해해 주세요. 전 그저 민우가 수업 시간에 선생님과 아이들이 이야기하는 것을 듣고만 왔으면 하는 바람으로 보내는 거예요. 정말 죄송해요……."

눈앞이 캄캄했습니다. 민우 한 명만 가르치는 것도 아니고 스무 명가량 되는 아이들 사이에서 민우에게 어떻게 해야 할지 걱정이 되었어요. 그때 민우 어머니가 말씀하셨지요.

"오늘 민우가 선생님이 자기 보고 잘 생겼다고 했다며 수업도 재미있다고 말했어요. 수업 시간에 못 한 것을 숙제로 내주셨다며 가르쳐 달라고도 하고요."

그 말은 작은 빛이 되어 주었어요. 민우에게 필요한 것은 믿음과 기다림, 그리고 사랑이 아닐까 생각했습니다. 새로운 환경에 적응

하는 시간이 다른 아이들에 비해 많이 걸리는데, 학교에서는 수많은 규칙 속에 몰아가고 있으니 아이가 말을 잃을 수도 있었을 겁니다.

두 번째 수업 때는 민우가 오기 전에 말을 못 한다며 민우를 놀리던 아이들과도 이야기를 나누었습니다. 곧이어 도착한 민우는 열린 뒷문 사이로 얼굴만 보이며 서 있었어요. 나는 민우에게 다가가 손을 내밀며 말했습니다.

"우리 민우가 왔네! 많이 보고 싶었는데…… 어서 와 앉으렴."

그러자 민우는 천천히 나를 따라와 자리에 앉았습니다. 조심스레 건넨 진심에 조금씩 민우의 마음이 열리는 듯했습니다. 너무나도 뭉클했습니다.

그 후 나는 민우 반 수업 때 더 많은 관심을 기울였어요. 민우의 이름을 자주 부르며 책에 대한 질문도 했고요. 물론 민우는 한마디도 하지 않았어요. 하지만 나는 민우가 생각할 만한 여러 의견을 내놓음으로써 민우에게 '예, 아니오'를 뜻하는 고개 끄덕임을 받을 수 있었습니다. 게다가 민우의 글솜씨는 또래보다 훨씬 뛰어났어요. 수업 시간에는 가만히 앉아 있지만 집에서는 어찌나 맛깔나게 글을 써 오던지 반 아이들에게도 큰 호응을 얻었습니다.

"우리 엄마는 맨날 나를 똥강아지가 아닌 쌀강아지라고 부르십니다. 엄마를 늘 기쁘게 하는 아들이라고 말입니다. 그런 엄마가 내가 학교에서 말을 안 해 매일 기도하십니다. 엄마에게 미안합니다."

민우의 글을 읽는데 먹먹해졌습니다. 일주일에 두 번이지만 그 시간만이라도 민우가 제빛을 드러낼 수 있도록 노력해야겠다는 마음도 들었어요. 그렇게 두 달이 흘러갔습니다. 어느 날 민우가 수업이 끝난 후에도 아이들이 모두 나가도록 앉아 있더니 가만히 내게로 다가왔어요.
"민우야, 왜 그러니? 무슨 일 있니?"
웃으며 바라보았지만, 민우는 그렇게 또 한참을 곁에 서 있기만 했습니다. 쉬는 시간이 끝나고 다음 반 아이들이 도착하며 수업 종이 울릴 무렵, 갑자기 민우가 내 귀에 대고 살며시 속삭였어요.
"선생님, 안녕히 계세요."
그 순간 얼마나 울컥했던지 민우를 와락 안았습니다.
"우리 민우, 이렇게 목소리도 예쁜데…… 왜 이제야 들려주니? 와, 민우 정말 멋지다, 최고야!"

그 후로도 쌀강아지 민우는 내게 귀엣말하며 그해 늦가을 갑자기 전학 가게 된 날까지, 나에게 결코 작지 않은 꼬마 선생님이 되어 주었습니다.

* 소중한 제자 이야기로, 민우는 가명입니다.

장난감이 많지 않던 시절에는 아이들이 꽈리 열매로 만든 피리를 불며 놀았다고 합니다. 동화 같은 그 장면을 상상하니 순한 마음이 드네요. 사람들은 요즘 아이들이 달라졌다며 순수함을 잃었다고 말하기도 합니다. 하지만 이것은 기성세대 역시 부모 세대에게서 무수히 듣지 않았을까요? 어쩌면 위로 거슬러 올라가 보아도 그 시대의 어른들에 의해 수없이 반복되어 온 말이 아닐까 합니다. 아이는 여전히 아이입니다. 믿어주는 만큼 자라고 반짝이는 무구함은 더없이 예쁘지요.

무해한 아이들의 웃음을 보며 일할 수 있다는 것은 고마운 일입니다. 꽈리빛 꿈을 꾸는 아이들의 익어감을 바라보는 것도 기쁜 일이고요. 어쩌면 내가 세상사에서 조금 벗어나 쉬어갈 수 있음도 아이들과 도란도란 이야기 나눌 수 있음에 있지 않을까 생각합니다.

사람이 많은 곳에서 에너지를 빼앗기는 성향을 지녔지만, 아이들과 함께 있으면 작은 목소리도 또랑또랑해질 만큼 힘이 솟고 마음이 따뜻해집니다. 책을 읽고 그것에 대한 글을 쓰는 건 어른들도 좋아하는 사람이 드문데 아이들은 또 얼마나 힘들까요. 스스로 선택한 책을 신나게 읽으며 자신만의 생각을 품을 수 있고 그것을 글로 담을 수 있다면 좋을 텐데, 어떻게 하면 그 길을 함께 걸을 수 있을지는 여전히 풀어야할 숙제입니다.

이토록 부족한 선생님이건만 몇 년 전 아이들에게는 잊지 못할 선물까지 받았습니다. 북트레일러 영상을 수정해 왔다고 해서 함께 노트북으로 재생하는데 순간 얼마나 뭉클했는지 모릅니다. 그것은 아이들의 마음이 담긴 생일 축하 영상이었습니다. 주말에 만나 촬영하고 편집해 온 영상이 주는 울림은 더없이 컸습니다. 커다란 종이 가득 사진과 글로 채워 만든 축하 메시지와 선물. 영상을 보는 동안 밖에 숨겨두고 온 케이크까지 노래와 함께 들고 오던 아이들. 13살 소녀들의 서프라이즈 영상은 볼 때마다 미소와 힘을 줍니다.

　마지막 수업 때 보이던 제자들의 눈물과 다시 만나러 오는 마음. 멋쩍게 책 선물을 주던 두 소년과 용돈으로 사온 꽃다발을 건네준 13살 아이의 미소. 정성이 담긴 손 편지와 고운 마음 가득 담은 카톡을 보내주는 옛 제자들까지. 26년의 길 속에서 따스함이 되어 준 나의 모든 꼬마 선생님들에게 고마움의 헌사를 바칩니다.

노른빛: 고마웠어요

노른자의 빛깔과 같이 밝고 선명한 빛

마음을 안온하게 해주는 카페가 있었어요. 그곳에만 가면 머릿속에 노른빛이 켜진 듯 글이 술술 써졌지요. 의자가 편하거나 멋들어지게 꾸며진 곳은 아니었지만, 옷으로 치면 '꾸안꾸 스타일'이라고나 할까요. 무심한 듯 감각이 스며있는 인테리어는 되레 특별하게 느껴졌습니다. 높은 층고와 전면 창은 마음을 탁 트이게 해 주었고, 덕분에 사유의 세계가 확장되어 문장을 불러오는 게 아닌가 싶었어요. 흰빛의 페인트로 칠한 벽은 노란 조명과 어우러져 마음을 가라앉혀 주었고, 몇 장의 사진으로 여백의 미를 담고 있는 벽을 따라 테이블이 놓여있었고요. 텅 빈 중앙 덕분에 환해진 시야는 개인적인 공간처럼 느껴지게 해 주었지요.

한 카페를 그토록 좋아하게 되다니, 처음이었어요. 커피 맛은 말할 수도 없었지요. 카페 이름이 붙여진 카페라테는 우유의 크리미

한 맛과 시나몬 설탕이 어우러져 그동안 마셔본 것 중 최고였어요. 달달한 커피를 좋아하지 않는데도 이 카페라테만큼은 매주 마시지 못하면 서운할 정도였답니다. 일주일에 최소 한 번은 꼭 들러서 글을 썼어요. 그곳에서의 한 시간은 다른 곳에서 다섯 시간 이상 걸리는 원고 분량을 쓸 수 있게 해 주었으니까요. 글을 쓸 때는 음악을 듣는 편인데 그곳은 음악마저도 단어를 춤추게 했지요.

운영하는 젊은 부부가 손님을 마주하는 적절한 거리 두기도 마음을 편하게 해 주었습니다. 몇 개월을 일정하게 들르다 보니 미소 짓는 눈빛에서는 손님을 알아보는 게 분명한데 그 이상 깊이 다가오지 않는 게 좋았습니다. 그러면서도 문득 보이는 세심한 배려가 마음을 따뜻하게 했고요. 처음으로 한 카페가 오래오래 운영되었으면 하는 마음이 들었습니다.

한 달 만에 카페에 들렀어요. 카페 운영시간이 유동적이며 휴무일도 생기더니 이내 임시 휴무가 이어졌기 때문이에요. 다시 오픈했음을 알고 설렘으로 왔는데 조금 다르게 느껴지네요. 주인 부부는 커피를 내리거나 손님을 응대할 때를 제외하고는 커튼으로 살짝 가려진 주방에 있다가 손님의 인기척에 나오곤 했는데, 그날은 한참 동안 카운터 앞에 서서 불러보아도 나오는 이가 없었습니다.

할 수 없이 늘 앉던 자리에 앉아 노트북을 꺼냈어요. 누군가 나오면 그때 주문하려고 했지요. 인테리어는 그대로였지만 왠지 크게 달라진 기분이 들었습니다. 우선 음악의 분위기가 달라져서 작업에 바로 들어가기 어려웠지요. 주인이 바뀐 거였어요. 아직 초창기여서 주방 분위기도 어수선했고요. 그제야 비로소 알게 되었습니다. 선한 미소의 따뜻한 주인 부부가 주방에서조차 손님들을 위해 얼마나 세심한 배려를 했는지 말이에요. 전에는 주방 소리가 이렇게 크게 들리는 줄 몰랐거든요. 너무나도 좋은 분들 같아서 작업을 위해 너무 오래 있지 않으려 했고 주말에는 장사가 잘되기를 바라는 마음에 일부러 가지 않으며 마음으로 응원했는데 걱정스러웠습니다. 건강이 좋지 않다는 말을 잠시 나눈 적이 있었거든요. 병원에 가야 해서 일찍 닫는다며 구워둔 빵을 손님들에게 나눠 주던 날이 떠올랐습니다.

혹시라도 그곳에서 무언가를 이루어낸다면 그때는 부끄러움을 참으며 책을 선물해 드리고 싶었습니다. 『무용해도 좋은』이라는 브런치북의 구상과 시작도 이 카페가 큰 힘을 주었으니까요. 덕분이라며 책과 함께 무언가를 선물해 드리고 싶었어요. 그런데 그토록 좋아했던 최애 커피 맛도 늘 마시던 것과 달랐습니다. 닮은 맛의 다른 커피 같다고나 할까요. 좋아했던 공간에서 바뀐 것은 운영자뿐인데 낯익은 듯 새로운 카페에 온 것 같은 기분입니다. 그래서인지 첫 문장을 불러오는 데도 애를 먹었고요. 봄여름가을을 보내서 카페의 겨울을 기대했는데 다시 올 수 있을지 모르겠네요. 고요한 다정함을 지닌 따스한 주인장들을 위해 마음을 글로 남깁니다. 세 계절을 함께한 고마움을 가득 담아서요.

구릿빛: 오랜 인연

구리의 빛깔과 같이 붉은빛을 많이 띤 갈색빛

국어 시간을 좋아했습니다. 개인적인 견해와는 달리 분석되는 문장을 쪼개고 외워야 하는 것은 좋지 않았지만, 그 시간에만 느낄 수 있었던 일렁임의 순간들이 삭막한 학교에서 산소가 되어주었어요. 소설 속 여주인공같이 여리고 예쁜 국어 선생님이 낭독해 주시던 알퐁스 도데의 「별」도 그랬지요. 선생님의 목소리는 어찌나 말랑하고 곱던지 스테파네트 아가씨가 책에서 나와 자신의 이야기를 들려주는 듯했어요. 덕분에 판타지적 공간처럼 느껴지던 남프랑스의 뤼브롱 산에서 양 떼에 둘러싸인 목동과 스테파네트가 눈앞에 보이는 것 같았지요. 쏟아지는 별빛 아래 나란히 앉아 별자리에 대해 이야기 나누는 순수한 두 영혼의 모습까지도요. 열린 결말로 막을 내려 더욱 아름다웠던 둘의 인연은 오래도록 짙은 여운으로 남아 있습니다.

"그리워하는데도 한 번 만나고는 못 만나게 되기도 하고, 일생을 못 잊으면서도 아니 만나고 살기도 한다. 아사코와 나는 세 번 만났다. 세 번째는 아니 만났어야 좋았을 것이다."

– 피천득의 「인연」

 많은 이들이 그러하듯 피천득의 「인연」도 잊을 수 없습니다. 수필의 형식에 관한 이론은 생각나지 않아도 문장 하나하나를 떨림으로 담았던 건 몸의 기억으로 남아있네요. 그래서인지 이후 비슷한 주제의 책을 많이 접해도 '인연' 하면 이 글이 떠오릅니다. 살수록 어쩌면 이렇게 인연을 잘 담아냈는지 감탄하게 되고요. 평생 잊지 못하면서도 만나지 못하는 사람들은 얼마나 아픈 사연을 마음에 품고 살아갈까요. 그래도 아리게 떠올릴 수 있는 사람이 있기에 살아감에 위로가 될 수 있을지, 그러한 인연을 만나지 못한 사람보다 조금은 괜찮은 삶일지 생각해 보게 됩니다.
 물론 피해 가는 게 더 좋았을 악연도 있고, 더는 이어가지 말아야 할 인연도 있습니다. 흐르는 세월 속에서 절실히 깨닫게 되네요. 만나는 사람들에 따라 삶이 달라지고, 자신의 마음을 할퀴고 상처 주는 관계는 멈추어야 한다는 것을 말이에요. 딸들에게도 말했습니다. 함께 있을 때 스스로를 작아지게 만드는 사람은 돌아가야 한다고요. 자신의 가치를 높여주는 사람. 어떤 모습이어도 그 자체로서 예쁘게 보아주는 사람이 딸들의 인연이 되기를 소망합니다.

옷깃만 스쳐도 500겁의 인연이라고 하지요. 그래서 그리 관계 맺기가 어려웠을까요. 그 흔한 모임 하나 없지만, 생의 계절마다 귀한 인연이 존재했음에 감사합니다. 비록 지금은 만난 지 몇십 년이 흘러버린 시절 인연이 되었지만 말이에요. 그래도 고등학교 친구들과의 인연은 이어가고 있습니다. 지난 주말에도 '동물원'의 노래를 들으며 5년 만의 만남을 위해 수원 화성으로 달려갔어요. 만나자마자 예보에도 없던 눈보라가 쳐서 우산을 제대로 들기도 힘들었지만, 그조차도 커다란 웃음으로 털어냈습니다.

머리가 아닌 가슴으로 만나게 되는 사람. 그런 친구들과는 몇 년의 공백을 두고 만나도 언제나 말갛게 어우러지는 웃음을 나눌 수 있습니다. 그간 살아온 물리적 공간이 다를 뿐 한 조각쯤은 비슷한 색으로 살아가고 있어서일까요. 각자의 전투에서 잠시 날아와 다시 모여 흐르는 길은 마냥 정겹습니다. 겨울 같은 봄이었지만 친구들과 함께 걷는 화성 성곽 길은 내내 즐거웠어요. 무엇을 먹어도 맛있고 어떤 차를 마셔도 좋았습니다. 늘 딸들 뒤에 있어 잘 몰랐지만 MZ 딸 엄마라며 친구들이 앞장세우자, 또 열심히 네 컷 사진 기계 앞에 서고 큐알 코드를 찍어 친구들에게 영상과 사진 전송까지 했네요.

구릿빛 하루가 쏜살같이 흘러갔습니다. 영국으로 떠나는 친구는 또 언제 만나게 될까요. 사는 동안 우리는 얼마만큼의 웃음을 나눌 수 있을까요. 쉬 가라앉지 않는 여운을 안고 '동물원'의 노래를 부르며 밤길 고속도로를 달렸습니다. 돌아가면 무겁게 쌓인 현실이 가득 차 있겠지만, 이날만큼은 그렇게 하고 싶었네요. 친구들 덕분에 켜켜이 쌓인 생의 무게를 잠시 털어 낼 수 있는 주말을 선물 받았습니다.

6장 동경하다

낮빛: 여행

햇빛을 받아서 나는 온 세상의 빛

온전히 시간에 머무르기 위해 여행을 떠납니다. 불문학을 전공했기에 오래도록 동경했던 프랑스에 간다면 눈물이 흐를 것 같아요. 고흐의 그림을 따라 아를의 거리를 걸으면 하루 종일이어도 지치지 않을 거예요. 긴 시간 머물며 고흐의 '밤의 카페테라스' 카페에서 글 쓰는 상상을 하면 가슴이 벅차오릅니다. 이제는 프랑스어도 영어처럼 초보자가 되었고 비행기 공포증까지 있을 만큼 겁이 많지만 꿈꾸던 시간을 보낼 수 있다면 혼자라도 용기 낼 수 있지 않을까요.

일상의 무게와 상념을 놓아둔 채 가고 싶었던 곳으로 향하는 설렘도 좋지만 멀리 떠나지 않아도 괜찮습니다. 의미 깊은 시간이라면 하루의 작은 조각이라도 구겨진 마음을 다림질할 수 있으니까요. 곁에 소중한 사람이 함께한다면 더할 나위 없고요.

휴가 기간이 되어도 떠날 수 없는 상황이라면 서점 여행을 합니다. 배다리 헌책방 골목을 나와 식당으로 가다가 단정한 입간판 덕분에 우연히 만난 아기자기한 책방 홍예서림. 막내 장군이와 함께 아늑한 공간과 시간을 나눌 수 있었던 가가77페이지. 낮게 드리운 구름이 바다 내음 실어 오던 따뜻한 오후의 동아서점. 그 모든 곳에서 잠시 마음을 쉬어갈 수 있었습니다.

장혜현 작가님이 운영하는 북촌의 비화림도 좋았어요. 책방은 생각보다 아담했는데 오히려 그것이 서점의 분위기를 더욱 아름답고 따스하게 만들어 주었지요. 게다가 책방을 닮은 책방지기님이 우리 집 맞은편에 살았었다는 걸 알고는 어찌나 반갑던지요. 비화림은 '비밀의 숲'이라고 하던데 자신만의 비밀스러운 문장을 찾아보라는 것일까요. 그곳에서 보물 같은 책을 발견하고는 소중하게 담아 온 기억이 납니다.

멀리 떠나는 여행에서도 특별히 기억나는 순간은 유명한 관광지가 아니었습니다. 오사카에서는 잠시 쉬려고 들른 카페에서 바라본 한적한 평일 오후의 거리 풍경이 마음에 남았습니다. 이국적인 간판의 가게들 앞을 지나는 네모나고 조그마한 우체국 차를 바라보는데 애니메이션 속에 들어온 것 같은 기분이 들었어요. 문득 그 작은 골목이 품고 있을 사람들의 일상이 궁금해지기도 했고요. 혼자라면 다음 갈 목적지를 미루고 골목 여행을 했을 거예요.

친구 가족과 함께 떠난 마카오에서는 가기 전부터 알아두었던 책방을 다녀오기 위해 미션을 수행하듯 전력 질주하기도 했습니다.

식당으로 가는 중이었는데 일정에 피해가 되지 않도록 잠시 홀로 다녀오기 위해서였지요. 갈빛 가득한 책방의 이국적인 풍경은 역시나 좋았습니다. 2층까지 둘러본 후 충만함의 감탄을 '하아!' 하고 내뱉기도 했을 만큼이요.

여행지에서 마주한 눈부신 날빛은 살아온 날들을 가만히 어루만져 줍니다. 동생이 살고 있는 베트남에서는 애쓴 동생 덕분에 모든 것이 좋았지만, 바다 풍경 가득 담으며 자전거를 타고 달리던 순간을 잊을 수 없습니다. 아이처럼 피어오르는 동그란 웃음에 고단한 삶도 잠시 잊을 수 있었으니까요.

먼뎃불빛: 헤르만 헤세

먼 곳에서 비치거나 반짝이는 불빛

어두운 삶의 길에서 먼뎃불빛이 되어 준 작가가 있습니다. 이름만으로도 가슴을 울리는 헤르만 헤세. 마음에 남는 책은 생의 계절마다 다르지만 인생 책을 묻는다면 주저 없이 『데미안』이 떠오릅니다. 누구나 삶의 부조리를 깨닫는 시절을 겪습니다. 선의 세계에서 안온하게 살아가던 싱클레어도 조금씩 악의 세상을 인지해 나가다 크로머를 만나게 돼요. 그는 또래에 뒤지고 싶지 않았던 싱클레어의 치기 어린 거짓말을 알아채며 그것을 빌미로 싱클레어를 먹잇감으로 삼습니다.

부모에게조차 도움을 청할 수 없었던 싱클레어는 벼랑 끝에서 데미안을 만납니다. 덕분에 크로머의 덫으로부터 구원을 받게 되지요. 하지만 절망을 다른 사람의 도움으로 벗어나게 됐다는 부끄러움과 데미안에 대한 경외감 때문인지 이후 싱클레어는 데미안을 멀리합니다. 그럼에도 데미안은 싱클레어의 삶에 중요한 시기마다 인연으로 닿게 되고, 결국 싱클레어는 데미안과의 관계를 통해 스스로를 구원할 수 있는 하나의 주체적인 인간으로 성장합니다.

평범한 가정에서 자랐던 열일곱의 나는 친구들의 아픔을 통해 처음으로 그늘진 세상을 마주하게 되었어요. 나 역시 그로 인해 현실에 대한 인식이 변했고, 그 사실을 부모님께 털어놓을 수 없었습니다. 그렇게 혼란스러운 터널을 헤매다 헤르만 헤세의『데미안』을 만나게 되었습니다. 처음 이 책을 만났을 때는 어렵기만 했는데 글을 담아낼 마음 그릇이 적절한 순간을 만났던 거예요. 물론 그 방대한 철학적 사유를 온전히 담아낼 수는 없었지만, 헤세의 문장은 이상과 현실 사이에서 흔들리던 내게 등대가 되어 주었습니다.

그 후 처음으로 한 작가를 향한 탐독을 해 나갔어요. 구할 수 있는 그의 책을 모두 사서 한 권 한 권 두근거리는 마음으로 아껴 읽었습니다. 그의 글에 담긴 의미를 명확히 알 수는 없어도, 나만의 오독 속에서 헤세의 문장은 삶을 뜨겁게 만들었지요. 책을 통한 소통으로 친해지게 된 친구도 있었습니다. 그 친구는『데미안』의 발췌글 하나를 노트에 써서 선물해 주기도 했어요. 친구는 모르겠지만 그것은 나의 문장 수집 노트가 되어 지금까지 소중히 보관되어 있습니다. 호주로 떠나 제 몫의 삶을 멋지게 살아가는 친구를 만난 지 어느덧 이십 년이 되었네요. 몇 년에 한 번 한국에 오면 만나곤 했는데 자연스레 시절 인연이 된 친구를 다시 만나게 된다면 그것을 보여주고 싶습니다. 노트만 보고도 알 수 있을까요. 첫 페이지에 있는 자신의 필체를 보며 그 시절의 미소를 짓는다면, 그간의 세월은 일순간 사라지며 공간의 온도를 데워주겠지요. 처음 본 듯 바라보면, 찬찬히 설명해 줄 거예요. 힘들었던 날 무턱대고 찾아갔던 나를 환대해 준 친구에 대한 고마움도 함께 말이에요.

나의 청춘이 헤세의 숲을 헤매었던 것은 그의 문장에서 아픔을 겪은 사람의 결이 느껴졌기 때문입니다. 내면의 방황을 자신만의 깊이로 헤쳐간 헤세의 글은 읽는 것만으로도 마음 시렸지만, 그렇게 또 내 영혼을 스스로 치유할 수 있었습니다. 그의 글은 고된 삶의 고통을 어루만져 주며 나를 단단하게 만들었어요.

젊은 시절 나를 관통한 책을 재독하는 것은 첫사랑을 다시 만나는 것만큼 설레면서도 두려운 일입니다. 좋아했던 책을 다시 읽었을 때 기억과는 반대로 재해석되는 경우도 있기 때문이지요. 그래서 헤세만큼은 좋은 빛깔로 남겨두고 싶었기에 미루어 두었다가 끝내 다시 그의 길을 걷기 시작했어요. 바로 『삶을 견디는 기쁨』 덕분입니다.

"내 삶이 그런 진통을 겪을 때마다 결국 나는 무언가를 얻었다."
"고통은 사람을 부드럽게도 만들고 강철처럼 단단하게도 만들어 준다."

— 헤르만헤세, 『삶을 견디는 기쁨』

우리는 자신만의 짐을 짊어지고 살아갑니다. 때로는 형벌 같은 고통 속에 괴로워하며 오롯이 혼자 버텨야 하기에 삶이 헤어 나올 수 없는 늪처럼 여겨질 때도 있어요. 여전히 어려운 생이 녹록지 않기에 헤세와 같이 치열한 자아실현의 길을 걷는 사람을 동경하는지도 모릅니다. 채울수록 허망한 물질에 얽매이지 않으며 깨어 있는 정신으로 덜어내는 삶을 살아가고 싶습니다. 나이 들수록 반짝이는 눈을 가진 헤세의 길 위에서 먼뎃불빛 바라봅니다.

이슬빛: 뒷모습

이슬의 반짝거리는 빛

뒷모습에는 그 사람의 마음이 담겨 있습니다. 밝은 인사를 보이며 제 걸음으로 되돌아가는 길. 누군가는 아프고, 하염없이 무너져 내리고, 전에 없이 작아 보입니다. 어느 날은 경쾌하고 당당한 뒷모습 덕분에 환한 마음이 들 때도 있습니다. 하지만 바라보고 있을 사람을 위한 그날의 마지막 배려일지도 모른다는 생각이 들면 마음이 아립니다.

뒷모습은 가면을 벗은 채 더없이 하늘거립니다. 그래서인지 아끼는 사람일수록 나의 뒷모습을 보이려고 하지 않습니다. 자꾸만 뒤돌아 계속 손을 흔들며 자신이 마지막 인사를 하려는 따뜻한 사람들에게는, 멀어지는 순간까지 애써 내 뒷모습을 밝게 포장하기도 합니다. 나의 그늘이 그 사람의 마음에 드리우지 않도록 말이에요.

그럼에도 누군가의 뒷모습은 오래도록 바라봅니다. 헤어짐이 못

내 아쉬운 애틋함 때문이지요. 그와 더불어 나의 무심함이 그의 아픔을 놓치고 있는 게 아닐까 하는 염려 때문에 쉬이 뒤돌아가지 못합니다.

낯선 이의 뒷모습에도 자꾸만 눈길이 머뭅니다. 뒷모습을 담은 사진도 좋아합니다. 선생님 따라 산책 나온 작은 아이들의 총총거리는 뒷모습에는 나도 모르게 웃게 되고, 무거운 가방을 메고 터덜터덜 걷고 있는 학생의 뒷모습에는 안쓰러운 마음이 듭니다. 내딛는 걸음 하나하나 힘겨워 보여도 두 손 꼭 잡고 걷고 있는 노부부의 뒷모습은 뭉클함을 주고, 홀로 고개 숙이며 걷고 있는 이의 뒷모습은 애잔함을 자아냅니다.

뒷모습은 수많은 이야기를 품고 있습니다. 그 속에 담긴 마음을 헤아리다 보면 또다시 살아갈 위로를 받습니다. 타인의 마음을 따라 걷는 눈길이, 그의 아픔을 조금이나마 이해할 것 같은 공감이, 나와 같은 마음의 결이, 그 순간의 나를 토닥여줍니다.

어느새 12월. 올해의 뒷모습을 배웅할 시간이 다가오고 있습니다. 끝없이 무거운 바위를 밀어 올려야 하는 신의 형벌 속에서도 고통을 넘어서는 묵묵한 의지를 보여준 시지프스. 그 어느 때보다 부조리한 세상 속에서 그와 같은 참인간의 뒷모습이 그리운 시간입니다. 그들이 헤쳐 가는 처절한 분투의 시간이 언젠가는 이슬빛 반짝임으로 기록되는 날이 오기를 바라봅니다.

이사빛: 음악의 힘

\# 이른 아침에 뜨는 따사로운 햇빛

무너진 삶을 살아내는 사람은 다른 누군가의 아픔을 말하지 않아도 알 수 있습니다. 영화 『비긴 어게인』의 음반프로듀서 댄도 그랬어요. 엉망진창의 하루를 보낸 그는 우연히 들른 바에서 그레타의 노래를 듣게 됩니다. 무명 싱어송라이터의 노래는 사람들의 소란함 속에 이내 묻혀버리지만 오직 단 한 사람, 댄에게만은 달랐습니다. 아내의 외도로 인해 혼자 살아가던 댄은 딸에게조차 인정받지 못하는 아빠로, 청춘을 바쳐 일한 회사에서조차 해고되었어요. 그레타 역시 연인의 배신으로 슬픔에 빠집니다. 서로의 삶에서 빛이라고 생각했는데, 연인은 성공 후 그레타를 배신했던 것이지요.

그레타의 음악은 댄을 다시 일어서게 하는 힘이 있었어요. 지친 삶에서 그녀의 노래는 그의 눈과 귀를 밝게 하여 오직 댄만이 보고 들을 수 있는 상상 속 악기들의 연주와 함께 아름다운 하모니를 만들어 내지요. 어둠 속 반짝임을 알아보는 그만의 시선. 그것을 연출해 내는 감독의 영상은 벅찬 감동을 자아내며, 오래도록 잊히지 않는 장면이 되었습니다.

10년 만에 영화가 재개봉되어 두 딸과 함께 다시 보아도 여전히, 아니 더 큰 감동이 차올랐어요. 좋아했던 영화를 성인이 된 딸들과 같이 보면 만감이 교차하며 뭉클해집니다. 꼬마들이 어느새 자라서 영화에 대해 도란도란할 수 있게 되다니 얼마나 감동적이던지요. 내게는 그것이 영화보다 더 경이로운 마음을 들게 합니다.

한참을 빠져 보다가 문득 보는 내내 미소 짓고 있음을 깨달았습니다. 너무나도 좋아서 영화를 본 후에도 긴 여운으로 두근거렸어요. 이어폰 분배기까지 구입해서 곁에 있는 사람과 같이 감상하고 싶어질 만큼요. 이 영화의 아름다움은 버거운 삶의 순간이 음악으로 인해 다채로운 색을 갖게 되는 것입니다. 음악은 힘겨운 세상 또한 드라마처럼 빛나게 해주지요. 상처받은 두 사람은 휴대폰에 저장된 음악을 이어폰 분배기를 통해 함께 들으며 걷습니다. 그것만으로도 그들은 그 어떤 말보다 더 큰 교감을 나누며 자유로워지지요. 길 잃은 두 주인공의 잿빛 삶이 함께 나누는 음악으로 인해 생기 있는 삶으로 변하는 순간을 사랑합니다. 거리 곳곳을 다니며 그곳의 다양한 소음까지 고스란히 음악으로 담아내는 녹음 과정 또한 마음을 환한 기쁨으로 차오르게 해주었어요.

음악은 녹록지 않은 인생에 이사빛을 안깁니다. 이른 아침 나를 일으키는 햇빛처럼 일상에 온기를 불어넣어 주지요. 고개 들어 먼 하늘 바라보게 하고 스치는 바람결을 느끼게 합니다. 계절에 따라 색을 달리하는 나무에 감탄하고 조금씩 움트는 꽃봉오리들에게 반가운 미소를 짓게 합니다. 매일 걷는 길과 거리도 순간의 색이 모두 다릅니다. 청아한 하늘. 은은한 꽃향기 품은 풀 냄새. 비와 어우러진 세상. 눈부신 단풍의 향연 속에 그 빛깔이 달라집니다. 마음의 온도. 곁에 있는 사람. 지나가는 사람들의 풍경에 따라 같은 길이 다른 세상이 됩니다. 반짝이는 새로움으로 가득합니다.

 나이 들수록 삶이 편안해질 줄 알았는데 생각대로 흘러가지 않는 관계와 세상살이는 맷집 두둑해진 마음에도 여전히 쉽지 않습니다. 그리하여 권태로운 삶이 눈부신 여행이 될 수 있도록 오늘도 음악을 고릅니다. 운전할 때도 음악이 있어야 해요. 음악과 함께라면 창밖 풍경이 특별해집니다. 글을 쓸 때도 주제와 장르에 따라 음악을 불러옵니다. 리듬의 여운이 단어를 문장으로 떠오르게 하니까요. 평범한 일상을 빛나는 영화의 한 장면으로 바꾸는 음악의 힘. 그것으로 또 하루의 길을 묵묵히 걷습니다.

바닷빛: 하늘을 담는 바다

멀리서 바라본 바다와 같이 푸른빛

나의 그릇이 넘쳐 버린 날. 마음이 너덜너덜해진 샌드백처럼 되어버린 날에는 그리운 바다로 갑니다. 그곳에 가면 묵혀 두었던 감정을 꺼내어 문장에 담을 수 있으니까요.

서울에서 태어나 40년 이상을 살아가다 차로 10분이면 바다를 볼 수 있는 곳으로 이사를 왔습니다. 사람들은 오랜 터전을 떠나기 쉽지 않은데 특별한 이유가 있는지 물었고, 나는 어쩌다 보니 그렇게 되었다며 웃었지요. 떠나온 곳에 대한 그리움은 없습니다. 그곳은 내게 고향처럼 여겨지지 않고 그저 벗어나고 싶은 답답함만을 안겼습니다. 돌이켜 보면 짙은 아픔으로 자리매김한 그 동네를 떠나 처음으로 살고 싶은 곳을 스스로 선택했습니다.

도회지의 풍경이 편안해서 서글픈 도시 사람이 도시와 바다가 공존하는 동네에 살게 되다니. 서울에서 살 때는 바다를 보려면 일정을 살펴 날을 잡아야 했는데 이제는 마음만 먹으면 바닷빛에 스미는 노을을 볼 수 있습니다. 노을 명소라는 공원이 가까이 있음은 또 얼마나 고마운지 몰라요. 일하는 곳에서도 창밖으로 멀리 바다 한 조각이 보입니다. 물이 무서워 수영도 배우다가 킥판을 놓지 못한 채 중도에 그만두었지만, 하염없이 바다 바라보는 일은 사랑합니다.

　물결에 밀려 보드랍게 쌓인 모래, 그 고운 목새를 바라보며 바닷가를 걸을 수 있는 곳은 아니지만, 까치놀[3] 아름다운 바다 공원의 카페에서 글을 쓸 수 있는 것은 내가 이 동네를 좋아하는 이유 중 하나입니다. 그리하여 마음이 소란한 날이면 바다를 만나러 갑니다. 어떤 날은 출근하러 가는 길에 차의 핸들을 돌리기도 해요. 조금씩 땅으로 메워지며 아름다운 바다 풍경이 인위적으로 바뀌는 것은 아쉽지만, 잠시라도 숨 고를 수 있는 안식처가 존재함에 감사하게 되는 일상입니다. 새로운 보금자리에서도 어느덧 9년, 이제는 갈매기가 비둘기처럼 친숙해졌네요.

　하늘을 담는 바다. 바다는 하늘빛에 따라 제빛을 담습니다. 내 마음 빛에 따라서도 색이 달리 느껴지는 것을 보면 그 무한한 포용에 경탄하게 됩니다. 어디가 하늘이고 바다인지 모르는, 하늘과 바다의 경계가 허물어지는 순간을 마주하면 찬란한 풍경에 녹아듭니다.

---

[3] 석양을 받은 먼바다의 수평선에서 번득거리는 노을

가득 싣고 온 삶의 무게도 파도와 함께 일렁이다 보면 어느새 마음에 고요가 깃듭니다. 한없이 걸을 수 있는 바닷가는 혼자여도 좋고 소중한 사람과 함께여도 기쁩니다.

여름 바다와 겨울 바다. 그리고 봄 바다와 가을 바다. 모든 계절의 바다를 그리다 보니 또다시 마음은 그곳을 향해 달려갑니다. 바다 앞에서라면 온종일 부리는 나태함에도 살아감의 등대를 찾을 수 있으니까요.

흰빛: 새롭게 그려가는 세상

눈이나 우유의 빛깔과 같이 밝고 선명한 빛

마음을 머물게 하는 사진을 좋아합니다. 사진에는 피사체를 향한 사람의 마음이 담겨 있다고 하는데, 그것을 헤아리다 보면 위안을 받기도 합니다. 그런데 그림은 달랐어요. 살아오며 시선이 닿는 그림도 있었지만 사진처럼 바라볼 수 없었습니다. 편하게 담을 수 있는 사진과 달리 그림은 문외한인 내게 부담이 되었으니까요. 많은 이들이 유명하다고 감탄하는 그림 앞에서 홀로 무감할까 봐 두려웠는지도 모릅니다. 그러니 미술관에 가도 의무감으로 바라보게 되는 관람이 아니었나 싶어요.

그런 틀에서 벗어나 자유롭게 해 준 것은 이소영의 『모지스 할머니, 평범한 삶의 행복을 그리다』에서 만나게 된 '모지스 할머니' 덕분입니다. 사랑과 우정은 물론이거니와 육아조차 책의 도움을 받더니 그림 역시 책을 통해 새로운 시선을 가지게 되었던 거예요. 한참을 바라보노라면 일렁이던 마음이 잠잠해졌습니다. 잘 알지도 못하는 화가의 마음이 내 마음에 스며들었어요. 가만히 토닥여주는 것 같았습니다. '마음의 그림'을 만나며 책에서만 받았던 위로를 처음으로 그림에서 느끼게 되었던 것입니다.

모지스는 늦었다고 하는 사람들의 말속에서도 현재에 대한 고마움을 잊지 않으며 75세에 그림을 시작해 101세까지 1,600여 점의 작품을 남긴 미국의 국민 화가라고 합니다.[4] 하지만 그녀의 삶은 녹록지 않았어요. 열 명의 자녀 중 일곱 명을 하늘로 떠나보낸 후에도 홀로 남아 주어진 삶을 걸어갔습니다. 상상하기조차 힘든 인생 속에서도 '마치 좋은 하루였다'라고 회상하는 모지스를 존경합니다. 역경 속에서도 좋아하는 것을 향해 묵묵히 걸어간 모지스의 삶은 내게 또 하나의 먼뎃불빛이 되어 줍니다.

그때부터였습니다. 책 세상에서 혼자만의 미술관 걷기를 하게 된 게 말이에요. 직접 보는 것만큼은 느낄 수 없겠지만 그림을 보며 나만의 생각 속에 잠깁니다. 그러다 엮어진 글을 통해 화가의 삶을 만나면 또 그렇게 그림이 좋아집니다. 그제야 알게 되었지요. 그림은 흰빛이라는 것을 말이에요. 작가의 손을 떠난 책이 독자에게 다양하게 담기듯, 화가의 품을 떠난 그림 또한 그것을 마주한 사람들이 새롭게 그려가는 것이었습니다. 문학처럼 그림도 비평에서 자유로

---

[4] 『모지스 할머니, 평범한 삶의 행복을 그리다』(이소영)

워질 수 있음을 깨닫자, 좀 더 편안히 그림을 마주할 수 있게 되었습니다.

그림은 선과 색채 안에 화가의 마음을 품고 있습니다. 고흐의 그림을 보면 노란 별빛에서조차 짙은 외로움이 느껴집니다. 살아생전 그 누구의 인정도 받지 못했지만 힘겨운 가난 속에서도 자신만의 꿈을 향해 쓸쓸히 걸어간 그의 그림이 지친 마음을 안아줍니다. 관계에 대한 어려움이 얼굴을 생략해 그리는 방어 기제로 표현됐다는 르네 마그리트의 그림도, 고단했지만 즐거웠다며 인생 전체가 휴가였다고 말한 타샤 튜더의 그림도, 마음을 품고 있는 수많은 뒷모습의 그림들도 살아감에 위로가 되어 줍니다.[5]

어찌 보면 우리네 삶 자체가 눈부신 예술 작품이 아닐까요. 각자의 흰 캔버스 위에 자신만의 빛을 채워가는 여정이 인생이라는 생각이 듭니다. 그 속에서 하루의 빛을 그려가다 보니 여의치 않은 세상살이에 책 속 그림 세상만을 거닐고 있지만, 언젠가 책방처럼 미술관도 나들이 공간이 되는 때를 그려봅니다. 그날을 만들어 가는 것도 나의 몫이겠지요.

---

[5] 『그림 속에서 나를 만나다』(김선현) / 『타샤의 그림』(해리 데이비스)

대춧빛: 어떤 영화를 좋아하나요?

잘 익은 대추 열매처럼 빨간 갈색빛

푹신한 소파에 누워 영화 보는 것을 즐깁니다. 영화관에서 보는 것도 좋아하지만 추운 겨울 따뜻한 집에서 무릎담요를 덮은 채 이야기 세상에 빠지면 행복해져요. 무더위 속에서는 보는 것만으로도 시원해지는 겨울 배경의 영화를 보고, 가을이면 계절에 깊이 스며들고 싶어 가을 영화를 봅니다. 리모컨 하나로 OTT를 탐색하는 편안한 세상이 되었지만, 가끔은 비디오 가게에서 영화를 고르다가 신작을 만난 기쁨으로 가게 문을 나서던 주말도 그리워요.

세월이 흐를수록 묵직하게 남는 영화를 찾게 됩니다. 그 속에 담긴 수많은 이들의 노고와 바람이 진한 대춧빛 여운을 주는 영화. 누군가에게는 지루하게 느껴질 수도 있지만 철학적 사색을 주는 영화가 좋습니다. 고된 일상을 잊기 위해 보는 것이 영화 아니냐면서 너무 무거운 작품은 싫다는 사람도 있는데, 너무 가벼운 영화는 오히려 끝난 후 찾아드는 허탈함 때문에 즐기지 않게 되었네요. 그런데 갈수록 따뜻한 영화를 찾기 쉽지 않습니다. 그래서인지 자극적인 영상 속에서 보물찾기하듯 만나게 되는 영화들은 오래도록 마음에 남아요.

나의 인생 영화는 1997년 개봉 이후 수없이 다시 보았던 『인생은 아름다워』입니다. 1939년 이탈리아의 작은 마을에 사는 귀도는 도라와의 운명적인 만남을 갖게 됩니다. 도라는 귀도의 쾌활함과 긍정적 유머 속에서 따뜻한 마음을 알아보았고, 현실적 안정을 줄 수 있는 약혼까지 파기한 채 귀도와의 삶을 선택합니다.
"당신과 여기서 평생 사랑하고 싶다고 고백한다면 나는 미친 게 틀림없어요."
진실한 사랑은 이성과 현실을 초월합니다. 가족이 아닌 누군가에게 온 마음을 내어줄 수 있는 관계. 그러한 사랑의 가치를 그 무엇보다 소중하게 여기는 도라의 선택이 아름답게 느껴집니다. 평생 서로의 마음을 나눌 수 있는 사람과 함께한다면 그 하나만으로도 삶은 의미 있지 않을까요.
영화의 주인공이자 감독 및 각본을 쓴 로베르토 베니니는 유명한 TV 코미디언 출신으로 코믹 연기 배우로 영화계에 입문했다가 『투미 투르비』로 감독 데뷔를 했습니다. 그 후 아버지의 이야기를 토대로 만든 『인생은 아름다워』로 1999년 아카데미 남우주연상을 받았지요. 이 영화는 영화제에서 30개가 넘는 상을 받았다고도 하네요.

25년 전 영화를 처음 본 후 로베르토 베니니의 팬이 되었습니다. 거기에는 영화만큼이나 아름다웠던, 아내 니콜레타 브라스키와의 사랑도 큰 몫을 했어요. 그녀는 이 영화의 주인공일 뿐만 아니라 로베르토 베니니의 뮤즈로 많은 영화를 함께했는데 그것을 알고 다시 보니 둘의 케미가 더욱 눈부시게 느껴졌습니다.

"유대인과 개 출입 금지."

때로 인간은 더할 수 없이 잔인합니다. 나치의 잔혹한 유대인 차별 정책을 고스란히 겪으면서도 아들 앞에서 유쾌함을 잃지 않았던 귀도는 결국 아들 조슈아와 함께 아우슈비츠로 끌려가게 됩니다. 그러자 도라는 유대인이 아니었지만 남편과 아이가 있는 곳에서 함께하고자 아우슈비츠행이라는 인생의 두 번째 선택을 합니다. 홀로 일상을 살아갈 수 없었으니까요.

여느 사람이라면 결코 견디기 힘든 절망과 불행 속에서도 귀도는 아들 조슈아에게 아버지로서 최고의 모습을 보입니다. 아들에게 "이 모든 것은 게임이고, 승리하면 탱크를 타게 된다."라고 말하며 참혹한 수용소 생활임에도 두려움이 아닌 즐거움을 선물해 준 것이지요.

"아들아, 아무리 처한 현실이 힘들어도 인생은 정말 아름다운 것이란다."

귀도는 아내에게 둘만의 추억이 담긴 음악을 들려주기 위해 목숨을 걸고 축음기를 창밖으로 틀어놓습니다. 여자 수용소에 있어 다시 볼 수 없을지도 모르는 아내를 위해서 말입니다. 모두가 잠든 희망 없는 밤, 귀도가 보내는 위로에 창 앞에 선 도라. 이 생에서 서로 마음으로나마 마지막을 주고받았던 슬프도록 아름다웠던 밤은 귀도와 아들의 마지막 장면만큼이나 기억에 남습니다. 주체할 수 없는 눈물을 흘렸었지요.

  오스트리아의 정신의학자 빅터 프랭클은 그의 저서 『죽음의 수용소에서』를 통해 생존을 위해 처절하게 버텨야 했던 순간을 소개하고, 부조리한 삶 속에 우리가 살아가야 하는 방법을 제시해 줍니다. 그는 별로 건강해 보이지 않고 감수성이 예민한 사람들이 수용소에서 더 잘 견딘다는 역설적인 현상도 설명해 줍니다. 그에 따르면 그들은 내면세계를 극대화하는 상상을 통해 영적인 빈곤으로부터 피난처를 찾을 수 있다고 합니다. 다시 말해 모든 것을 앗아가도 인간에게는 주어진 환경에서 자신의 태도를 결정하고 자기만의 길을 선택할 자유만은 빼앗을 수 없다는 것입니다. 실제로 빅터 프랭클은 아우슈비츠 수용소에서의 어느 날 누군가가 내뱉은 '아내'라는 말로 인해 그녀와의 사소한 일상에 대해 상상하며 하루하루를 버텨내게 됩니다.
  아픔이 많은 세상이지만 지금 이 순간에도 어딘가에서는 귀도를 닮은 사람들이 또 다른 누군가에게 따뜻한 손을 건네고 있으리라 믿습니다. 나의 두 딸에게도 '아무리 처한 현실이 힘들어도 인생은 정말 아름다운 것'이라고 말해 줄 수 있는 삶을 살아가고 싶습니다. 이러한 상상이 길 잃은 나의 시간에서 빛이 됩니다.

풀빛: 어른이란

풀의 빛깔과 같은 진한 연둣빛

 겨울이 쉽사리 자리를 내어주지 않는 시간입니다. 코트 속으로 몸을 움츠리며 걷다가 나도 모르게 발길을 멈추게 되었네요. 굳은 땅 사이로 돋아있는 풀빛. 하루 만에 땅은 봄을 솟아내고 있었습니다. 보물을 발견한 듯 감탄이 나왔어요. 앞으로 하루하루 풀빛은 갓 난아기처럼 싱그러운 연초록으로 물들어가겠지요. 여린 마음을 품고 있는 다부진 생명의 빛을 가만히 바라보니 땅도 조금 무른 듯했습니다. 지난밤 사이에도 자연은 성장하고 있었던 거예요.
 일주일 만에 만난 제자의 키가 눈에 띄게 자란 것처럼 느껴질 때가 있습니다. 아이들이 밤새 자라듯 나도 지난밤 사이 세월을 얹고 있었던 것일까요. 문득 거울 속의 내가 낯설어 보입니다. 여전히 미숙한 마음을 지닌 어떤 어른. 세월이 흘러감에 따라 어른다운 어른으로 살아가고 싶다는 바람을 갖게 됩니다.

"어른이란 딸기 타르트 3개를 살 수 있는 것."

문득문득 생각나서 미소 짓게 되는 막내 장군이의 말이 작은 웃음 버튼이 되었던 해가 있습니다. 딸기 시즌이 되면 SNS에 올라온 아기자기한 장식의 디저트를 보는 것만으로도 감탄하게 됩니다. 각종 딸기 뷔페 소식 때문이지요. MZ 세대의 스몰 럭셔리라며 비싼 가격에도 인기를 끌고 있는 딸기 뷔페 영상들을 보며 맛있겠다고 탄성을 지르는 장군이 곁에 있으면서도 애써 모른 척하고 있었지요. 그러던 어느 날 그늘진 막내의 얼굴이 마음에 쓰여 맛있는 딸기 타르트를 파는 가게에 가자고 제안했습니다.

"몇 개를 살까요? 엄마는 뭐 드실래요?"

"난 안 먹어도 돼. 네 거만 사, 3개. 더 사도 되고!"

모처럼 딸기 타르트를 먹게 되어 1개를 살까, 2개를 살까 고민하던 장군이의 얼굴이 동그란 웃음으로 환해졌습니다. 열아홉 소녀의 마음을 그토록 설레게 할 수 있다면 아무리 비싸더라도 5개 정도는 사줄 수 있다는 각오로, 뭐 그 정도쯤이야… 생각하는데 나도 모르게 운전대를 잡은 손에 힘이 들어갔어요. 그때 장군이가 자신과는 달리 아무렇지 않게 말하는 나를 보며, 어른이 되면 고민 없이 비싼 디저트를 살 수 있게 된다는 의미의 농담을 던진 거예요. 주차하는 동안, 동동거리며 카페로 들어가는 딸의 뒷모습을 보니 괜스레 웃음이 번졌습니다. 10개를 사줄 걸 그랬나 하는 생각이 들었습니다. 그랬다면 나는 우리 집 막내의 영웅이 되었겠지요.

어른이란 딸기 타르트 3개를 살 수 있는 것. 딸은 몰랐을 거예요.

별로 먹고 싶지 않다고 했지만, 사실은 좋아하는 디저트라는 걸 말이에요. 게다가 그게 내가 먹고 싶은 거였다면 나 역시도 망설이고 또 망설였을 겁니다. 아무리 비싸도 딸들의 행복을 위해서라면 해주고 싶은 것. 그 마음을 실행에 옮길 수 있다는 게 돈을 벌어 가장 달뜨고 기쁜 이유입니다. 물론 그 이후에 나는 제일 저렴한 점심거리를 선택하게 되더라도 말이에요. 따뜻한 어느 봄날의 오후, 엄마라는 어른은 그렇게 또 조금 철이 들었습니다.

어른이란 무엇일까요. 어른이 되기 전에는 어른에 대한 고민이 적지 않았던 것 같은데 정작 어른이라는 물리적 나이를 살아가다 보니 그저 하루하루 살아내기 바쁠 뿐이네요. 왜 이리 바쁘고 시간이 빨리 흐르는지 자주 생각하는 걸 보니 나도 그렇고 그런 어른으로 나이 들어가는 건 아닌지 겁이 납니다. 어릴 때는 잘 들어주는 사람이, 수많은 말보다 하나의 행동으로 보여주는 사람이 진정한 어른이라고 생각했어요. 목소리 좋은 어른도 되고 싶었고요. 그 후 조금씩 자라며 '살아가며 문득 떠올렸을 때, 작은 미소를 짓게 하는 사람'을 동경하게 되었습니다. 그렇게만 살 수 있다면 더없이 행복하다고 생각했지요.

정작 어른이 된 나는 어떻게 살아가고 있을까요. 어릴 적 희망대로 살아가지 못할 때도 많지만 바라던 모습을 닮아가고자 노력하며 그 시절의 내게 부끄럽지 않고 싶습니다. 굽은 마음 사이로 풀빛 마음이 고개를 내밉니다. 연초록 향기를 품은 바람에 삶이 일렁입니다.

7장 반짝이다

웃음빛: 내가 웃으면 내 삶도 웃는다

웃는 낯빛

옛 기억이 하얗게 부서지는 지난밤 꿈처럼 느껴집니다. 세월이 유년 시절을 빛바랜 몇 장의 사진으로만 남게 한 것이지요. 그 낡은 사진 중에는 가족도 친구도 아닌, 잠시 스쳐간 누군가의 일상이 담겨 있기도 합니다. 스틸 컷 속의 어린 소녀는 아파트 복도를 걷고 있어요. 같은 동에 사는 아주머니에게 뭔가를 가져다드리는 심부름을 하는 모양인데, 부엌 쪽 창문이 활짝 열려 있었던 걸 보면 여름이 아닐까 싶네요. 두 손으로 조심스레 쟁반을 들고 가다가 아주머니 집 가까이에서 갑자기 발걸음이 느려집니다. 라디오에서 나오는 음악을 따라 부르는 노랫소리. 설거지하며 흥얼거리다가 밝은 미소로 인사하던 아주머니의 모습은 무척이나 생경했습니다.

다섯 형제의 아빠는 둘째이셨지만 엄마는 큰며느리 같은 역할을 하고 계셨어요. 지방에서 올라온 삼촌들이 서울살이에 자리를 잡을 때까지 살뜰히 챙겨주셨지요. 엄마는 남동생을 갖고 있던 만삭 때조차 이른 아침 삼촌의 도시락을 싸주셨고, 친척들이 우리 집으로 가득 모이던 명절 때면 홀로 고생이 많으셨어요. 그런 엄마가 설거지하는 뒷모습을 볼 때면 너무나도 힘들어 보였습니다. 외로워 보였습니다.

그렇게 고된 노동처럼 보이던 일을 노래 부르며 할 수 있다니, 어린 내게는 가히 혁명적인 모습이었어요. 매일 해야 하는 일상의 힘든 일도 음악을 들으며 무게를 덜어낼 수 있음을 깨달았던 거예요. 물론 그날 아주머니에게 좋은 일이 있었을지도 모르지만 자라오며 보았던 근사한 어른의 모습 중 하나로 남아있습니다. 열 살도 안 된 어린 마음에 반짝임을 주셨으니까요.

그래서였을까요. 어른이 된 후에도 자신의 일터에서 빛나는 사람들을 보면 오래도록 눈길이 머물렀어요. 다른 근무자들의 찌푸린 미간과 달리 볼 때마다 환한 웃음으로 친절히 대해 주시던 주차 관리 아저씨. 계산할 때마다 살갑게 스몰토크를 건네고 더 싸게 살 수 있는 상품이 있는 날이면 그것으로 바꿔가라며 추천해 주시던 마트 계산원 아주머니. 일상의 짧은 순간 스치는 인연이지만 그날에 작은 온기를 안겨 주었던 그들의 웃음빛은 아직도 선연히 남아있습니다.

동네 도넛 가게에서의 일도 떠오릅니다. 바삭하고 달콤한 옛 맛이 생각나는 날이면 들르던 곳인데, 그날은 처음 보는 사람이 카운터에 있었어요. 문을 열고 들어서자마자 눈이 마주쳤는데 순간 마음이 움찔했습니다. 까칠한 응대였지요. 모든 게 귀찮다는 듯한 표정에 손님인데도 괜스레 주인 눈치를 보게 되었어요. 결국 두 곳에 따로 담아 달라는 말조차 버벅거리며 붉어진 마음으로 가게를 나섰습니다.

굴곡진 길을 걷고 있는 시절이었기에 더욱 맥이 빠졌어요. 스스로를 위로하는 주문이 필요했습니다. 도넛이 든 가방을 들고 일터로 들어가며 "감사합니다."라고 힘주어 말했어요. 그러자 아직도 일할 수 있음에 고마운 마음이 살며시 고개를 내밀었습니다. 수업 준비를 마친 후 종이봉투에 들어있던 팥 도넛을 한입 베어 물었는데 늘 먹던 맛이 아니었어요. 달콤한 설탕만 입가에 서걱거렸지요.

모든 것이 권태롭게만 여겨지는 날들이 있습니다. 오랫동안 같은 일을 하고 있는 내게도 문득문득 견디기 힘든 순간들이 찾아오지요. 딱 한 달만 쉬고 싶다는 바람으로 마음이 무너져 내리기도 하고요. 오늘 버티어 내는 굽은 길이 언제까지나 지속되지는 않는다는 걸 알면서도, 지친 마음을 감당하지 못해 주저앉기도 합니다. 숨 막히는 현실, 다시 돌아보고 싶지 않은 전쟁 같은 일상도 세월 속에 풍화되면 그 무거움이 덜어지겠지요. 굽은 길의 끝이 새로운 시작의 길이 되리라 믿으며 반짝이는 웃음빛을 불러옵니다. 내가 웃으면 내 삶도 웃게 되니까요.

분홍빛: 순수한 마음

하얀빛을 띤 엷은 붉은빛

세상을 한 번도 딛지 않은 포실한 발. 분홍빛은 갓난아기의 발바닥을 떠올리게 합니다. 얼마나 사랑스러운지 많은 부모들이 아기의 발 사진을 남기곤 하지요. 그저 바라보는 것만으로도 마음을 환하게 만드는 분홍빛 웃음은 또 어떻고요. 얼마 전 큰딸과 전철을 타고 갈 때였어요. 무더위에 불쾌지수까지 높은 날이었는데 그것을 단번에 사그라들게 하는 아기 천사를 만났습니다. 엄마 품 안에서 주위를 둘러보다 딸을 보고 방실방실 예쁜 미소를 짓는 거예요. 그 모습이 어찌나 눈부시던지 아기를 바라보던 주변 사람들의 얼굴에 동그란 웃음이 피어올랐습니다. 무더위 속에 아기띠를 매고 아기용품까지 들고 전철을 탔던 엄마는 땀이 송송 맺혔지만, 아기와 꼭 닮은 미소를 띠고 있었어요. 품 안에 반짝이는 별을 안고 있으니 걸음마다 힘이 솟았을 거예요. 그 옛날 내가 그랬던 것처럼 말이에요.

큰딸은 아기를 참 좋아합니다. 아기 그림과 영상 등을 보여주며 예쁘지 않냐고 종종 묻기도 하지요. 그때마다 말해요. 네가 더 예뻤다고 말이에요. 아기를 좋아하지 않는 사람도 자신의 아기에게만큼은 딸바보, 아들 바보가 됩니다. 세상에서 가장 여리고 귀한 아기를 품게 되었으니 어찌 그렇지 않을까요. 평소 아이들을 좋아했던 나에게는 딸들이 더욱 보석 같았습니다. 두 딸은 살아감에 가장 큰 힘이자 존재의 이유입니다.

학생들의 글을 보다가 분홍빛으로 빛나는 문장을 만나기도 합니다. "바닷가의 노을은 집에 갈 때를 알려주는 시계 같은 것"이고, "흰색은 엄마의 품에서 자는 느낌"이라는 글은 마음을 몽글하게 했어요. "눈의 차가움은 친구가 자신을 배신했을 때의 느낌"이고, "깊은 바다는 엄마에게 혼날 때의 느낌"이라는 글은 아이들의 마음을 헤아릴 수 있게 했고요. 한 아이는 자신이 월급도 안 받는 베이비시터이고 동생은 엄마 앞에서만 귀여운 척하는 보스 베이비라고 했는데, 나이 차이 많은 동생 때문에 억울하게 혼났던 일을 썼지요. 그 글은 두고두고 많은 학생들에게 공감을 불러일으켰습니다.

아이들은 시시때때로 자신들의 마음을 이야기합니다. 혈압 있는 아빠가 운동하지 않는다며 걱정하는 예쁜 마음. 쉬는 시간에 책을 보았던 건 사실 친구들과 놀고 싶은데 표현하지 못해서라던 고백. 『모모』를 잠깐 읽고 자려다 아침이 되어 놀라면서도 기뻤던 마음. 수업 마지막 날 헤어지며 펑펑 울던 슬픔까지, 분홍빛 마음들은 참

고맙습니다.

분홍빛은 핑크 젤리라고 불리는 고양이 발바닥을 떠올리게도 합니다. 강아지는 좋아해도 고양이는 무서워해 어쩌다 길에서 만나도 눈을 마주치는 것조차 어려워했을 정도였어요. 그러다가 조카가 키우는 고양이의 집사를 해본 덕분에 고양이만의 고요한 매력이 얼마나 예쁜지도 알게 되었지요. 이제는 지나가는 고양이들을 다정한 눈으로 바라볼 수 있습니다. 홀쭉해 보이는 길냥이들을 보면 안쓰러운 마음이 집안까지 따라오기도 하고요.

막내딸과 공원을 걷다가 산책 나온 개가 멈춰 서서 짖는 쪽을 바라본 적이 있습니다. 그런데 큰 나무 앞에 고양이 한 마리가 다소곳이 앉아서, 자신을 향해 짖는 개와 나무 위쪽을 번갈아 쳐다보는 게 보였어요. 주인이 리드줄을 잡고 있었지만 자신에게 달려들려고 하는 개의 위협에도 불구하고 꿈쩍하지 않는 고양이가 신기했습니다. 그런데 나무 위쪽을 보니 또 다른 고양이가 올라가지도 내려오지도 못하는 상황에 어쩔 줄 몰라 하며 앉아 있었어요. 크기로 보아서는 모두 성묘 같은데 둘은 어떤 사이일지 궁금해졌습니다. 섣불리 도와주려 하는 것보다 일단 사람이 멀리 있는 게 좋을 것 같아서 한 바퀴 돌다가 다시 오기로 했지요. 그때도 두 고양이가 그대로 있다면 직접 도와줄 방법을 찾아봐야겠다는 생각이었는데, 다행히 다시 왔을 때는 고양이들이 무사히 떠나고 없었습니다. 딸과 함께 걷는 내내 고양이 이야기를 했어요. 위험한 상황에서도 나무 위에 있는 소중한 존재를 버리고 가지 않았던 고양이의 마음이 깊은 뭉클함을 자아냈습니다.
 세상을 아름답게 만들어주는 분홍빛. 순수한 마음에 머무르는 순간이 일상을 빛나게 합니다.

달빛: 달빛 같은 사람

달에서 비쳐 오는 빛

어릴 때는 밝은 해가 좋았는데 언제부터인가 뭉근한 달빛에 마음이 담겼습니다. 뜨거운 열정보다 은은하게 지속되는 삶을 지향하게 되어서일까요. 딸들에게 읽어주던 하야시 아키코의 『달님 안녕』이라는 그림 동화도 그렇게 좋았어요. 깜깜한 밤, 조금씩 환해지는 지붕을 바라보며 고양이 두 마리가 쪼르르 지붕 위로 올라갑니다. 가만히 빛을 바라보며 기다리던 고양이들 앞에 '쑤욱' 고개 내미는 달님. 그러자 어두운 세상을 거닐던 고양이들이 반갑게 인사를 해요. 구름 아저씨 때문에 달님이 가려지자 다급하게 비켜달라며 볼멘소리하던 고양이들은 다시 마주한 달님 앞에서 행복한 뒷모습을 보입니다. 지나가던 아기와 엄마도 함께 달님을 바라보는데 짧은 문장 안에서 더욱 반짝이는 달밤의 행복이 보는 이에게 깊이 스며드는 이야기이지요.

많은 이들이 그러하듯 마치 달이 따라오고 있는 것 같아 보고 또 보았던 어린 날이 있습니다. 어렴풋이 그게 아님을 알면서도 오직 나만을 위한 달이 함께 걷는 친구처럼 여겨져 몽글몽글해지는 마음이었지요. 누군가는 어두운 밤이기에, 또 다른 누군가에게는 유난히도 힘든 하루였기에 달빛이 그리도 위안이 되나 봅니다.

달빛은 묵묵함을 지니고 있습니다. 묵묵한 길, 묵묵한 응원. 사랑도 해와 같은 강렬함이 아닌 달과 같은 잔잔한 스며듦을 좋아합니다. 계절의 파도에 따라 그윽해지는 그런 사랑을 말이에요. 사람도 마찬가지입니다. 각자의 일터에서 묵묵한 삶을 일구어가는 사람. 소란스럽게 자신을 내세우지 않아도 은근한 빛이 절로 고개 숙이게 하는 사람을 보면 마음이 기웁니다. 그런 사람이 곁에 달처럼 머물러 준다면 삶은 더할 나위 없이 강건해져요. 걷다가 지쳐 바라보면 달처럼 고요히 같은 걸음 하고 있음에 반갑고, 다시 걷는 길을 묵묵히 지켜주는 사람. 너무 환해서 버거운 게 아닌, 달 같은 사람이 곁에 있다면 삶이 덜 외로워집니다.

살다 보면 많은 사람들 속에서 문득 섬처럼 떠오르는 순간이 있습니다. 물에 섞인 기름처럼 부유하다 돌아오는 날이면 밤길이 더 어둡게 느껴집니다.

"모든 관계가 노동이에요. 눈 뜨고 있는 모든 시간이 노동이에요."

큰딸 덕분에 알게 되어, 지친 날이면 보게 되는 드라마 『나의 해방일지』. 누군가는 관계가 왜 노동이냐며 즐거운 게 아니냐고 묻기도 하지만, 소수와의 깊은 관계 맺기를 선호하는 나로서는 쿵 하고 가슴에 내려앉는 대사였습니다.

만나는 사람이 많지 않고, 새로운 만남보다는 한 사람의 오랜 인연을 귀하게 여깁니다. 혼자 있는 시간을 좋아하고 그 충만함으로 살아갈 힘을 얻지요. 언젠가는 무슨 재미로 사느냐는 말을 들은 적도 있어요. 그렇게 보일 수도 있겠지만 달빛 같은 사람들 덕분에 삶은 반짝임으로 충만합니다. 내 마음과 맞는 친구가 생의 반려자가 되어 나란히 길을 걷고 있으니까요. 게다가 여느 사춘기 아이들과 달리 엄마 아빠의 이불속에서 밤늦도록 재잘대던 딸들은 성인이 된 지금도 여전히 함께 시간을 나누며 웃음을 선물합니다. 힘들 때면 찾아갈 수 있는 30년 지기 친구가 마음 곁에 머물고, 딸의 첫 책이라며 수십 년 만에 책 한 권을 밤새 읽어 내려가신 더없이 고마운 엄마도 계시지요.

물리적 숫자는 많지 않아도 살아가며 마음 쉬어 갈 수 있는 사람이 있다는 것, 그 하나만으로도 고단한 삶에 묵묵한 버팀목이 됩니다. 어느새 자라 엄마 아빠 없이 일본으로 여행 가는 딸들을 바래다주고 오던 새벽길. 그날따라 아침달이 더욱 다정해 보였습니다. 아이들도 그곳에서 보았겠지요. 달빛은 어디든 고이 닿을 테니까요.

금빛: 찬란했던 시절

황금과 같이 광택이 나는 누런빛

인생에서 찬란했던 시절은 언제였나요. 누군가 물어본다면 주저 없이 스물한 살을 떠올릴 거예요. 순수했던 첫사랑으로 아리고 충만했던 대학 시절이었지요. 둘이 함께 걷는 길은 아무 말을 하지 않아도 행복했어요. 사랑이 처음이어서 그저 아끼고 고마워했던 둘은 어느새 예쁜 두 딸과 함께 모든 처음을 나누는 금빛 삶을 걷고 있습니다. 그로 인해 초능력도 가지게 되었어요. 아무리 많은 사람들이 있어도 저 멀리 빛나는 셋을 제일 먼저 발견해 내는 능력 말이에요. 가족을 위해서라면 모든 것을 포기할 수 있는 귀한 능력도요.

금빛은 출렁이는 밀밭을 바라보던 여우의 그리움도 떠오르게 합니다. 어린 왕자는 여우에게 그저 평범한 한 아이에 지나지 않았어요. 그런데 서로에게 길들여진 후 늘 보던 밀밭은 그리움의 빛깔이 되었지요. 일렁이는 밀밭은 어린 왕자의 금빛 머리카락을 떠올리게 했으니까요. 여우가 알려준 길들이기는 비행사를 향한 어린 왕자의 별 이야기로 이어집니다. 어린 왕자는 지구를 떠나기 전 비행사에게 선물을 남깁니다. 이제 하늘의 모든 별이 특별하게 느껴질 거라고요. 무수한 별 중 어느 별에 어린 왕자가 사는 줄 모르니 앞으로는 모든 별이 시리도록 눈부실 거라는 선물을 말이에요.

이토록 아름다운 작품을 쓰다니 작가를 어찌 좋아하지 않을 수 있겠나요. 생텍쥐페리는 헤르만 헤세, 알베르 카뮈와 함께 제일 좋아하는 작가 중 한 사람입니다. 그의 작품들은 모두 좋지만 그중에서도 『어린 왕자』를 좋아해요. 대학 시절 원서 수업도 감동으로 남아 있습니다. 프랑스어로 낭독하며 느꼈던 작품의 아름다움을 잊을 수 없기 때문이에요. 어쩌면 이렇게도 눈부신 작품을 마지막으로 남기고 떠났을까요. 어린 왕자의 신비로운 결말처럼 그토록 좋아했던 비행에서 생을 달리 한 생텍쥐페리의 마지막도 아닙니다. 어린 왕자가 B612로 돌아가 장미와 행복하게 살고 있을 거라 생각하는 독자들이 있듯이, 그도 어딘가에 불시착해서 살아갈 거라 믿는 사람들도 있었다고 합니다.

인생에서 금빛 시절은 언제였나요. 누군가 물어본다면 지금이라고 말하고 싶습니다. 살아보니 현재는 언제나 힘들었던 것 같아요. 그래서 마음은 자꾸 과거의 좋았던 시절이나 소망하는 바를 이룬 미래로 향하지요. 그런데 가만히 떠올려 보면 추억하는 과거에도 그 시간이 힘들다고 생각했습니다. 진학과 취업 준비 때문에, 사랑과 불확실한 내일 때문에 그 시절에는 지금이라는 미래를 꿈꾸었습니다. 그러니 지금 나는 금빛 시절을 살고 있는 거예요. 이 사소한 순간들이 모여 소망하는 미래를 이루고, 먼 훗날 돌아볼 귀한 추억이 바로 오늘이니까요.

해야 할 일들이 산처럼 쌓여 마음이 조급해져도 현재에 머무르려 노력합니다. 중요한 일이라고 여기는 것들 때문에 정작 소중한 일상을 놓칠 수 있으니까요. 언제나 함께할 거라고 믿는 소중한 사람들을 외롭게 할 수 있으니까요. 장미를 떠나고 난 후에야 비로소 그 사랑의 소중함을 깨달은 어린 왕자가 B612에서 금빛 미소로 가르침을 줍니다.

노을빛: 나이 듦

노을이 질 때 생기는 불그스름한 빛

우주에는 한쪽은 낮이고 반대쪽은 밤인 행성이 있다고 합니다. 그곳에는 낮과 밤의 경계 지대인 '터미네이터 존'이 있는데 외계생명체의 잠재적 후보지로 선정됐다는 기사를 본 적이 있어요. 과학에 문외한이기에 학술지의 전문적인 서술보다는 언제나 황혼이라는 그 공간이 서정적으로 각인되었습니다. 슬픈 날이면 노을을 바라본다며 어느 날은 마흔네 번이나 보았다고 담담히 이야기하던 어린 왕자가 이 행성에 간다면 어떨지 생각해 봅니다. 그의 마음이 시리도록 와닿아서 다음 페이지로 넘어갈 수 없었던 나 역시 그곳에 갈 수 있다면 황혼 지대에서 하염없이 걷고 있을 것 같아요. 노을빛은 무너지는 마음과 닮아서 대신 울어주기도 하고, 바다에 가지 않아도 흔들리는 마음을 안아주니까요.

입시로 내달리던 시간에도 학교 도서관 앞 벤치에서 노을 바라보기를 좋아했습니다. 벤치에 자주 앉아 있다는 담임선생님의 말에 엄마에게 야단맞기도 했을 만큼 말이에요. 선생님은 왜 그 작은 마음조차 이해하지 못했을까요. 나라면 계속 눈에 띄는 아이에게 초코 우유라도 건네고 지나갔을 것 같은데 말이에요.

언젠가 학생들과 영원한 삶에 대한 동화 수업을 한 적이 있습니다. 그때 10살의 한 소년이 너무 오래 살아도 별로라고 하면서 자신은 50살까지가 적당하다고 말했어요. 그러면서 그 정도면 노인이 맞지 않느냐고 묻는 거예요. 그 말대로라면 나도 노인일 텐데 충격보다는 맑게 웃는 아이의 모습이 귀여워서 같이 빙그레 웃었습니다. 아이의 시선에서 50살은 까마득해 보일 수 있겠다는 생각도 들었고요.

또 다른 아이는 "시간은 빨리 흐르고 인생은 마음대로 되지 않는다."며 옅은 한숨과 함께 고민을 털어놓았어요. 태권도 학원에서 다리 찢기 연습을 아무리 해도 잘되지 않는다고 하면서요. 꼬마 철학자들과 함께하는 시간은 힘든 만큼 배울 게 많습니다. 가끔은 너무나도 직설적인 말에 놀라기도 하지만 어른처럼 돌려 말하지 않으니 투명해서 좋아요. 일을 그만두고 싶은 것도 읽고 쓰기에만 몰두하고 싶어서이지, 아이들과의 시간을 나눌 수 있는 그 자체는 고마울 뿐입니다.

아이들은 작은 것 하나에도 설레고 즐거워합니다. 그에 비해 어른들은 점점 무감해지는 삶을 살아가게 됩니다. 해가 갈수록 삶의 속도가 더 빠르게 느껴지는 것도 새로운 경험 없이 반복되는 일상을 살아가기 때문이라고 하네요. 때로는 시간의 속도가 인간의 삶을 무력하게 만들기도 합니다. 그럼에도 불구하고 나이 듦을 두려워하는 아이들에게 말하고 싶습니다. 나이 들어감에 따라 좋은 것도 있다고 말이에요. 세월의 흐름에 따라 나는 삶에 있어 용감해지고, 하고 싶은 일을 향해 더 담대하게 나아갈 수 있었습니다. 짙은 밤의 시간을 통해 행복은 순간이라는 것을 깨달았기에, 욕심을 내려놓고 묵묵히 걸으며 매 순간의 반짝임을 감사할 수 있었습니다.

노을 지는 하늘을 사랑하는 한 호호백발의 가슴에도 폴짝이는 재잘거림이 있을 거라는 행복한 상상을 해봅니다. 노을빛은 구겨진 마음을 곱게 다림질해 주니까요.

새벽빛: 새해 새날들

날이 새려고 먼동이 트는 빛

연말이 되면 다이어리를 마련해 첫 문장을 고민합니다. 새해 새 날들을 이끌어 갈 올해의 문장으로 마음을 단단히 새겨두는 것이지요. 아직 겨울이 한창이지만 다이어리에 반듯하게 새겨 놓은 희망은 다가오는 봄에 대한 기대를 불러옵니다. 디자인과 색은 그해에 대한 마음과 바람에 따라 고릅니다. 올해는 갈색과 더불어 좋아하는 아이보리 빛의 다이어리를 주문했습니다. 소박한 일들로 무탈하게 채우고 싶은 마음을 담아서 말이에요. 살수록 무탈하게 살아감이 얼마나 어려운 일인지 알게 되었으니까요.

그동안 다이어리에 쓴 문장에서 올해의 문장을 다시 찾았습니다. 헤어스타일도 어릴 적 모습에서 그다지 달라진 게 없듯 무언가를 마음에 담으면 좀처럼 떨쳐내기 어려워서일까요. 아니면 성장하지 못하고 있어서일까요. 새것처럼 두근거림으로 담기는 문장과 몇 년째

이어지는 나의 문장에 다시 새해의 마음을 담습니다.

문장의 향기.
내 마음의 결.
사람들의 마음.
'헤아리기'.

자유롭고 담대하기.
꿈을 그리며 한 걸음씩 나아가기.
평정심 잃지 않도록 노력하기.
'그럼에도 불구하고' 묵묵히 살아가기.

한 해에 대한 상념이 빈 가슴 깊숙이 파고들던 어느 해 마지막 날이었습니다. 해거름 시간에 가니 바다가 보이는 동네 공원에는 이미 많은 사람으로 가득 차 있었지요. 주머니에서 손을 꺼내 놓자마자 금방 얼어버릴 것같이 추운 날이었지만 그해의 마지막 해를 사진으로 담기 위해 참고 있었을 때였어요. 해가 바다 아래로 사라지려는 순간 옆에서 안타까움을 담은 외침이 들렸습니다.
"아, 내 마지막 이십 대가 간다!"
목소리만 들어도 푸릇했습니다. 나 역시 나이의 앞자리가 바뀌는 해라서 나름 분위기에 젖어 있었는데 덕분에 소리 없는 미소를 짓게 되었습니다. 그의 청춘이 부럽기도 했고, 그로 인해 또 다른 누군가도 나의 나이를 부러워하고 있을지 모른다는 생각이 들었기 때문이에요.

해가 바뀌면 겨울바람도 한결 부드럽게 느껴집니다. 젊음을 가두는 학교에서 벗어난 청춘들의 발걸음도 조금은 가벼워 보이고요. 갈수록 빠르게 지나가는 한 해에 대한 허무함도 새로운 달력의 첫 장을 넘기면 어느새 슬며시 기억 속에 묻힙니다. 어쩌면 애써 잊으려 한 것인지도 모르지요. 그 모든 것을 선명하게 마음에 세우면 안 그래도 쉽지 않은 살아감이 더욱 버거워질 테니까요.

마음에 따라 달라지는 세상의 풍경. 새해라는 반짝이는 의미도 인간이 만들어 놓은 것이고 3일이 되기 전에 지키지 못하는 각오와 계획들이 될 수도 있지만, 가득한 마음으로 차오르는 새해 새날들이 고맙습니다. 가슴 아픈 일로 얼룩진 힘들고 어려운 세상이지만 그럼에도 불구하고 새벽빛으로 찾아올 새날들의 희망을 온 마음으로 바라봅니다.

물빛: 샛길 여행

물의 빛깔과 같은 연한 파란빛

길을 잘못 들었다고 낙담했다가 되레 인생이 호전되는 경우가 있습니다. 영화나 소설에서도 샛길에 빠진 주인공의 성장 서사를 흔히 접할 수 있지요. 그런데 '샛길로 빠지다'라는 말은 엉뚱한 곳으로 가거나 정도에서 벗어난 일을 한다는 부정적 관용구로 쓰이는 편입니다. 비슷한 말인 '샛길로 새다'도 마찬가지이고요. 성과만을 중시하는 자본주의 사회에서 다수의 가치를 벗어난 길은 세상의 흐름에 도태되거나 낙오자가 되는 지름길로 여겨집니다.

그럼에도 불구하고 '샛길'이 좋습니다. 성공이라는 틀 안에서 빠르게 내달려야 하는 길은 우리로 하여금 제빛을 잃은 채 무채색의 삶을 살아가게 하니까요. 이 획일적이고 수동적인 길에서 숨 쉴 여유와 살아감에 에너지를 주는 것이 샛길이 아닐까 생각합니다.

어릴 적 자전거 대여가 유행하던 시절이 있었어요. 지금처럼 놀잇감이 많지 않았던 그때는 자전거를 갖고 있는 아이들보다 자전거 대여 가게에 줄 서 있는 아이들이 더 많았지요. 정적인 놀이를 즐기던 내게도 자전거는 새로운 세계와 동굴 속 자아를 이어주는 설레는 메신저였습니다. 정해진 도착점까지 먼저 가는 놀이도 재미있었지만, 그보다는 샛길 탐험이 흥미로웠어요. 한 번도 가보지 못한 낯선 길은 때때로 예상치 못한 길을 만나게 해 두렵기도 했지만, 이미 알고 있던 길과의 조우로 인해 반가운 마음도 들었습니다. 그리고 친구들이 알지 못하는 길을 발견했다는 기쁨에 으쓱해져서는 영웅이 되는 기분도 들었습니다.

공부할 때는 샛길로 새지 말라는 말도 있지만 오히려 '샛길 공부법'의 효과를 이야기한 작가도 있습니다. 하시모토 다케시의 『슬로리딩』에는 변변찮은 학교를 일본 최고의 명문고로 만들어 준 슬로리딩 독서 교육법이 소개됩니다. 그에 따르면 인생에서 만나는 수많은 고민의 순간에서 '샛길'에 빠져 본 경험이 많을수록 다양한 사태에 대한 대응력도 커진다고 해요. 취미도 없고 오로지 한 가지, 예를 들어 일에만 빠져 지낸다면 그만큼 그 사람의 세계는 좁아질 수밖에 없다는 것이지요.

"샛길이라는 것은 결국 새롭게 생각하는 계기를 말한다."
— 하시모토 다케시, 『슬로리딩』

유대인에게는 아이의 이야기가 샛길로 빠지더라도 결코 쓸데없다고 멈추게 하지 않는 '샛길 사고' 교육이 있다고 합니다. 효용성이 떨어지는 것에는 시간적 투자를 아끼는 우리에게는 쉽게 찾아볼 수 없는 이 교육법이야말로 세계적으로 큰 영향을 미치는 유대인 인재 양성에 든든한 씨앗이 되었던 게 아닐까요.

이것은 독서와 글쓰기에 있어서도 적용됩니다. 더 많은 책을 읽기 위해 책의 권수에 집착하거나 추천도서들을 하나씩 미션 수행처럼 속독하는 것은 선호하지 않습니다. 문장에 머무르며 깊은 사색에 잠기기. 하염없이 창밖을 바라보기. 그러다 문득 메모나 짧은 글을 쓰기. 글을 쓰다가도 때때로 잠시 멈추고 산책을 하거나 차 한 잔의 향기로 마음 도닥이기. 이러한 것들이 바로 창조적 영감으로 더 좋은 글을 만나고 쓰게 하는 원동력이 된다고 생각합니다.

돌아보니 나의 인생도 그러했습니다. 정해진 길을 향해 계획하고 걸을 때보다 어느 날 갑자기 샛길처럼 접어든 길이 내 세계를 확장하고 공고하게 만들어 주었어요. 이십 대 때는 글을 쓰고 싶었으나 내가 할 수 없는 일이라며 스스로를 가두고 경제적으로 안정적인 일을 찾았습니다. 그래도 마음으로는, 쓰고 싶었던 거예요. 쓸 수 없다면 닮은 삶을 살아가고 싶었을지도 모릅니다. 그 마음이 아르바이트도 논술 첨삭으로 이끌었던 게 아닌가 싶어요. 그러한 길을 따라가다 보니 끝내 초등학교 방과후학교 논술 교사라는 직업을 갖게 되었습니다.

그 후 마흔 중반에 이르러서야 비로소 용기 내어 독서 블로그를 운영하게 되었어요. 나이 들수록 휘발되는 독서를 기록해 두기 위함이었지만, 실은 쓰고 싶었던 거예요. 그렇게 해서 첫 책을 출간하게 되었습니다. 그 후 3년이 흐르고 에세이 출간을 준비하던 어느 날, 대학교 때 써두었던 동화를 우연히 책장에서 발견했습니다. 고교 시절의 한 소녀와의 소중한 추억을 잊지 않기 위해 동화로 남겨두었던 것을 또다시 묻어두고 싶지 않았어요. 그렇게 해서 생각지 못했던 동화 작가로 등단하게 되었습니다.

사실 등단하더라도 에세이로 하고 싶었어요. 창작에는 재능이 없다고 생각했기 때문이에요. 그런데 누군가의 인정을 받고는 용기를 얻게 된 것이지요. 그리고 코로나로 일을 쉬는 동안 장편 동화 초고를 완성하며 어쩌면 할 수 있을지도 모른다는 생각을 품게 되었어요. 그 후 수차례의 퇴고 끝에 공모전 접수를 시작했고, 동화 작가가 된 이후에도 지금까지 수년째 여러 작품을 쓰고 있습니다.

생업에만 매진하면 더 좋은 성과를 내고 경제적으로도 여유가 생길 수 있을 텐데, 여전히 쓰지 못해 불안한 날들을 지내고 있습니다. 그러한 불편한 마음이 다시 노트북 앞에 앉게 하고요. 그리하여 오늘도 쓰고 나면 후련하다가도 이내 쓰지 못할 것 같다는 불안함, 그럼에도 불구하고 쓰고 싶다는 열망을 오가며 안갯속을 걷고 있습니다. 인생은 원하는 대로 흐르지 않습니다. 누구 하나 피해 갈 수 없는 만고의 진리라는 것을 알아요. 하지만 생의 어둠이 해일처럼 밀려오면 주체할 수 없이 흔들립니다. 그럴 때는 그 흐름 속에 나를 맡겨야겠지요. 샛길이 주는 반짝임처럼 윤슬 가득한 물빛을 바라보면 가만히 말을 건네주는 것 같아요. 잠식되지 말고 물 흐르듯 순리에 따르라고요.

기대하고 실망하다 또다시 시작하는 나는 무모하고 잘못된 샛길을 걷고 있을까요. 비록 헛된 희망이라 해도 그 덕분에 단단해지는 마음을 쌓고 있으니 괜찮아요. 걷다가 멈추고 싶을 때가 찾아오면 또 다른 샛길 여행을 할 거예요. 여행에서 마주한 샛길이 찬탄할 만한 풍경을 선물해 주는 것처럼 삶의 샛길이 인생을 아름답게 안아주리라 믿습니다.

귤빛: 반짝임의 순간들

잘 익은 귤의 빛깔과 같이 노란빛을 띤 주황빛

겨울에 만나는 귤나무는 반짝임을 품고 있습니다. 갈맷빛 잎 사이에서 향기로운 귤빛으로 인사하지요. 추운 계절 입 안 가득 퍼지는 새콤한 귤처럼 시린 삶에도 빛나는 순간이 있어요. 그러한 발견의 순간 덕분에 마음은 겨울에서 봄으로 건너갑니다. 각박한 세상살이에도 작은 숨 쉬어갈 수 있고요. 볕뉘에 시선이 닿을 수 있고, 그늘진 곳에 미치는 그 조그마한 햇볕의 기운을 마음에 담을 수 있다면 삶의 층위가 달라집니다.

이 원고를 초고로 써둔 후 운명처럼 만난 드라마가 있습니다. 별 기대 없이 보았기에 재미없으면 말아야지 했는데 1회는 그다음 회차로 걷게 했어요. 맞아요. 달리는 게 아닌, 걷게 하는 드라마였습니다. 삶의 슬프고도 따스한 순간들이 퀼트처럼 이어진 서사는 대사 하나, 장면 하나에 머물게 하는 힘이 있었어요. 묵직한 마음의 잔상이 울림을 주는 『폭싹 속았수다』. 그런데 영어 제목이 "When Life Gives You Tangerines."라고 하는 거예요. 궁금해서 주인공 아이유의 인터뷰를 보니 "인생이 떫은 귤을 던지더라도, 그걸로 귤청을 만들어서 따뜻한 귤차를 만들어 먹자."라는 긍정적인 뜻이 담겨 있다고 하네요. "When Life "When life gives You Lemons, Make Lemonade(인생이 레몬을 주면, 레모네이드를 만들어라)."라는 미국의 철학자 엘버트 허버드의 명언에서 따온 거라고도 하고요.

가난으로 평생 힘든 삶을 보낸 엄마에게 딸은 후회하지 않느냐고, 다시 돌아가도 같은 선택을 할 것인지 묻습니다. 엄마처럼 살지 않겠다고도 하고요. 그런데 엄마는 환하게 웃으며 "엄마 인생도 나름 쨍쨍했어. 그림 같은 순간이 얼마나 많았다고. 그러니까 딸이 엄마 인생도 좀 인정해 주라."라는 말과 함께 반짝이는 귤빛 순간을 떠올립니다. 그것은 고된 일터로 나가며 인사하는 남편의 눈부신 미소였어요. 부엌 아궁이 앞에 앉아 또 하루의 힘든 시간을 시작하는 엄마였지만 부부는 서로에게 귤빛 행복을 건넸습니다.

"참 이상하게도 부모는 미안했던 것만 사무치고 자식은 서운했던 것만 사무친다. 그래서 몰랐다. 내게는 허기지기만 했던 유년기가, 그 허름하기만 한 유년기가 그들이 얼마나 치열하게 만든 요새였는지."

딸의 독백이 이토록 가슴에 사무치는 건 나의 계절 또한 가을이 되었기 때문이 아닐까요. 부모는 자식들에게 그들이 해줄 수 있는 최선의 요새를 지켜나가느라 전쟁 같은 삶을 버텨냅니다. 자식은 먼 훗날에야 그것을 절감하게 되지요. 매회 어찌나 웃고 울게 되던지, 덕분에 이제 남은 4막인 겨울은 눈물 속에 진한 여운이 남게 될 것 같습니다. 그런 의미에서 제게는 분명 인생 드라마입니다.

행복은 밀도가 아닌 빈도라고 합니다. 물론 깊이 바라던 것들이 이루어졌을 때의 밀도 깊은 순간들도 벅차오름을 주지요. 하지만 그조차도 기쁜 마음은 그리 오래가지 않아요. 삶에서 그러한 순간은 무척 만나기 어렵고요. 그것만을 기다리다 보면 인생은 힘들게만 느껴질 겁니다. 행복해 보이는 사람들은 작은 기쁨을 발견하는 시선을 갖고 있습니다. 무언가 커다란 것을 성취하게 되어서가 아니라, 평범해서 흘려보낼 순간을 바라볼 수 있는 특별함. 그것이 그들이 행복한 이유이지요.

문득 귤빛 순간을 떠올려봅니다. 조금만 읽고 자려다 마지막 장을 넘기며 맞이한 해돋이. 글을 쓰다 어느새 밤이 되어 버린 카페 창밖을 바라보던 순간. 우연히 들른 서점에서 반가운 작가의 신간을 만나는 오후. 좋아하는 노래를 따라 부르며 운전하는 시간. 처음 타는 남산행 버스 안에서 바라본 창밖의 초록빛과 바람의 어루만짐. 무조건 지지해 주시던 아빠와 자식을 위해서면 그 무엇도 해내실 엄마의 마음. 출근하는 내게 한 손을 올리고는 우는 시늉으로 인사하던 남편의 배웅. 주저앉아 두 팔을 벌리면 세상 환한 웃음으로 달려오던 어린 두 딸의 눈부신 모습. 고운 한복을 입고 창경궁 안을 장난스레 걷고 있는 성인이 된 두 딸의 뒷모습.

꼬리를 물고 떠오르는 추억들이 귤 상자를 가득 채웁니다. 나이가 들면 좋아지지 않을까 했는데 여전히 처음 살아가는 인생길은 험하기만 해요. 그럴 때마다 상자에서 귤빛 순간들을 하나씩 꺼내 보아야겠습니다. 그러면 또 이렇게 작은 숨 쉬어가며 미소 지을 수 있겠지요. 지친 오늘도 내 삶에 반짝이는 동사의 순간을 불러봅니다.

바라보다.

묵묵히 흐르는 바다와 하염없이 고운 가을.
가을빛 닮은 커피 한 잔과 마주 앉은 친구의 웃음.
벤치 옆 나란히 세워진 자전거와 하늘거리는 눈송이.
반짝이는 크리스마스 조명과 가지런히 놓여있는 책장의 책들.
다시 태어나면 아빠와 그때는 100살까지
오래도록 함께 살고 싶다는 엄마의 마음과
사진 속 언제나 젊은 아빠의 미소.
늘 한결같은, 사랑하는 남편과
언제나 빛나는 두 딸의 모습을 바라봅니다.

듣다.

소중한 사람들의 목소리와 웃음소리.
자연의 속삭임과 도시의 소음들.

덜컹거리는 기차와 아이들의 재잘거림.
책에 담긴 작가의 마음과 그림에 스며있는 화가의 삶.
가만히 읊조리는 책 읽는 소리와
꾹꾹 눌러 담는 글 쓰는 소리.
오디오북의 따뜻한 문장과
내 마음 따라 흐르는 음악을 듣습니다.

읽다.

관계에 지치고 살아감이 버거울 때면 찾아 걷는 글 숲.
세상 어딘가에 살아가고 있는 닮은 마음이
구멍 난 마음을 어루만집니다.

꿈꾸다.

'읽고 쓰는 삶'을 꿈꾸며 나를 안아줍니다.
석류, 딸기, 귤.
추운 계절 속에서도 꿈을 열매 맺는
새콤새콤한 겨울 과일처럼
하루하루 꿈꾸는 삶을 걸어갑니다.

무명빛: 무용함의 여백

무명의 색깔처럼 하얀빛

행간의 여백에 머무를 수 있는 글을 좋아합니다. 담아내기 위해 애쓰지 않아도 되고, 가만히 마음에 꽃잎 하나 띄우는 글. 감은빛 문장을 따라 달리기만 하는 게 아닌, 무명빛 여운으로 사유를 이끄는 글은 깊은 성찰을 하게 해줍니다. 때로는 한 문장만으로도 버거운 일상을 쉬어갈 수 있지요.

살아내다 보니 알지 못했는데 살아감도 그러합니다. 무명빛의 무용한 시간 덕분에 나아갈 힘이 생겼습니다. 길을 잃었을 때조차 애써 나아갈 곳을 찾아 헤매는 것보다 되레 머무르는 시간 덕분에 또 하나의 문이 열립니다. 알면서도 그에 반하여 살고 있었는지 모릅니다. 온전히 향유하지 못했습니다. 바쁜 일상에 치여 아픈 줄도 모르다가 쉬는 날이면 몰아서 앓게 되었어요. 그렇게 끙끙대다가도 다시 월요일이 되면 어떻게든 견디어 냈습니다. 늘 무언가를 해야 했던 삶을 이어왔던 거예요. 아무것도 읽지 않은 날에는 마음이 헛헛했고, 내 안을 떠다니는 문장들을 꺼내지 못하는 날이면 마음이 불편했습니다.

어쩌면 눈에 보이는 성과와 가치에 부합하려고 애쓰며, 쓸모없는 사람이 되지 않으려고 분주했는지도 모릅니다. 경쟁하듯 높아지는 건물의 층수만큼이나 달려가야 할 목적지는 갈수록 버거워졌으니까요. 쓸데없는 말이나 행동을 하지 말라는 어른들이 많았던 시절을 살았기 때문일까요. 쓸모 있는 사람이 되기 위해 불안을 딛고 나아가야만 하는 이십 대를 보냈습니다. 독서에 빠져 있는 사람에게 "돈이 되지도 않는데 왜 책을 읽느냐"고 말하거나, "현실 감각을 잃고 사는 몽상가"라고 여기는 이들도 있었습니다. 여전히 그런 이들을 보면 삶을 물질적 가치로만 바라보는 시선에 외로움이 스며듭니다.

하염없이 창밖을 바라보며 계절을 품에 안고, 구름과 바다 흘러가는 것을 보다가 날이 지는 순간. 나란히 앉은 벤치에서 소중한 사람과 함께하는 시간의 반짝임을 좋아합니다. 아장아장 걸어가는 아기의 뒷모습과 사랑 가득한 눈으로 서로를 바라보는 연인의 모습. 흩어진 아내의 머리카락을 정리해주는 남편의 손길과 노부부의 다정한 산책길. 일상의 길을 걷다가 바라본 나뭇잎의 흔들림과 그 사이로 인사하는 눈부신 햇살. 그것을 발견해낼 수만 있다면 무용함의 여백은 하루를 살아내는 위로가 됩니다. 깊은 혜안으로 마음에 담을 수 있다면 부조리한 삶에서도 보다 너른 마음으로 살아갈 수 있습니다.

숨 막히는 무더위 속에서 많은 사람들이 휴가를 가는 시간입니다. 모두 함께 떠나는 번잡함에도 불구하고 많은 이들이 일상을 떠나는 것은, 새해에 품었던 한 해에 대한 다짐이 늘어지는 햇살처럼 느슨해지며 살아내기 힘들어지기 때문이 아닐까요. 벗어나고 싶은 마음이 절실한 1년의 어느 날, 휴가가 있어 얼마나 위로가 되는지 모릅니다. 제대로 쉬는 것은 새롭게 시작되는 일상을 더욱 단단하게 만듭니다. 지루하기만 한 생활이 산뜻해진 시선으로 보다 소중하게 다가오는 것이지요.

휴가만을 기다리며 버티는 시간 속에서 떠나지 못하는 사람들도 있습니다. 모두가 일상을 비울 때 일하는 것만큼 지치는 일도 없을 거예요. 그런데 꼭 어딘가로 멀리 떠나야만 하는 건 아닙니다. 우리는 저마다 자신만의 무용해도 좋은 안식처가 있으니까요. 안온한 마음의 풍경을 위해 모싯빛 여백의 순간들을 그려봅니다.

빛으로 헤아린 하루의 풍경
무용해도 좋은

초판 1쇄 인쇄일 2025년 09월 30일
초판 1쇄 발행일 2025년 10월 20일

지은이 유재은
펴낸이 양옥매
디자인 표지혜
마케팅 송용호
교 정 조준경

펴낸곳 도서출판 책과나무
출판등록 제2012-000376
주소 서울특별시 마포구 방울내로 79 이노빌딩 302호
대표전화 02.372.1537 **팩스** 02.372.1538
이메일 booknamu2007@naver.com
홈페이지 www.booknamu.com
ISBN 979-11-6752-697-7 (03800)

* 저작권법에 의해 보호를 받는 저작물이므로 저자와 출판사의 동의 없이 내용의 일부를 인용하거나 발췌하는 것을 금합니다.
* 파손된 책은 구입처에서 교환해 드립니다.